あのひとの心に隠された

性格の秘密

アルフレッド・アドラー
長谷川早苗・訳

興陽館

Menschenkenntnis

(Understanding Human Nature)

Alfred Adler

※本書は『Menschenkenntnis (Understanding Human Nature)』を二分冊にした後半部分になります。前半部分は『人間の本性 ―人間とはいったい何か』(小社刊)。

その性格は生まれつきのものなのか。

『性格の秘密』刊行にあたって

あの人はなぜイヤな性格をしているのか

あの人はなんであんな性格をしているんだろう。

なぜいつもイヤなことしか言わないいんだろう。

なぜいつも不機嫌なんだろう。

なぜ人の上に立とうとするのだろう。

なんてわがままで自分勝手で傲慢なんだろう。


他人の性格は人それぞれで、好ましく思える性格の人もいれば、そうではない性格の人もいます。多くの人が、周りのそうした性格の人に悩まされていたりします。

その人の性格の裏には一体なにが隠されているのか。

なぜその人はそのような行動をするのか。

こうした性格とは生まれつきのものなのか、それともなんらかの理由から後天的に身に付いたものなのか。

あの人の心に隠された「性格の秘密」とは一体なんなのか、知りたいと思ったことはありませんか。

そして、自分自身の性格について振り返ると、虚栄心や嫉妬心に振り回されていることに気付くときがあります。

その理由を覗いてみようとは思いませんか。

性格は遺伝するのか。

性格を変えることはできるのか。

そもそも性格とはなんなのか。

本書はこうした人の性格について心理分析した、自分や他人の性格との付き合い方の本です。

第1章　人間の性格とはなにか
第2章　ねたみと虚栄心の正体
第3章　支配したい人、されたい人の心理
第4章　性格はどう現れるのか
第5章　すぐ怒る人、泣く人の秘密

として、著者のアドラーが、さまざまなタイプの性格の人たちを対象にして心理分析カウンセリングを行い、それに至る普遍的な性格の法則を検証し発見していきます。

人間の性格というものはどう成立したのか、明確に「性格の秘密」について書かれています。


本書の著者のアルフレッド・アドラーは、オーストリアの精神科医で心理学者です。フロイト、ユングとともに「心理学三大巨頭」の一人に並び称されました。

本書はアルフレッド・アドラーの『Understanding Human Nature（英語版）』の第2部を邦訳したものです。

ウィーンでの公開講義をもとに成立し、その後アドラーの弟子のウルフが、ドイツ語版『Menschenkenntnis』を英語に翻訳してアメリカで大好評を博した、アドラーの代表作になります。

あの人の心に隠された性格の秘密とはなんなのか。
ぜひ、アドラー心理学の神髄を本書で味わってみてください。

興陽館　編集部

あのひとの心に隠された性格の秘密　目次

第1章　人間の性格とはなにか

第2章　ねたみと虚栄心の正体

第3章　支配したい人、されたい人の心理

第4章　性格はどう現れるのか

第5章　すぐ怒る人、泣く人の秘密

性格とは心の態度である。

1

人間の性格とはなにか

人の性格は生まれつきのもの？

性格とは、人生の課題に向きあう人が示す心の特定の現れ方だと、わたしたちは解釈しています。

つまり「性格」というのは**社会的な概念**なのです。人と周囲のつながりを考慮しなければ性格について語ることはできません。たとえば、無人島に暮らすロビンソン・クルーソーなら、どんな性格をしているのかは問題にならないでしょう。

性格とは心の態度であり、人が周囲と向きあう方法であり、他者と生きる共同体感覚をともないながら評価の追求が行われる人生のラインなのです。

『人間の本性――人間とはいったい何か』（興陽館）では、人の行動はすべて目標によって決まっている、それも優越や力、他者に対する勝利という目標によって決まっていることが確かめられました。

この目標は、人の世界観に働きかけ、人生の歩みやパターンに影響を与え、人が表現する動きを誘導します。そのため、性格というのは、人の動きのラインが外面に現れたものでしかありません。そういうものとして性格を見ると、環境や周囲の人や共同体、また人生の課題に対して、人がどのような態度でいるかがわかります。

性格は個性を際立たせる**手段**であり、生き方を作っていく術策と言えます。

性格は、多くの人が考えるような、生まれつき自然から与えられるものではありません。型のように染みついて、よく考えなくてもどんな状況でも一貫した人格を示す基本線のようなものです。生まれつきの力や基本的な性質ではなく、なんらかの生き方を固持するために（たとえごく幼いうちであっても）**身につけた**ものなのです。

ですから、ある子どもが怠惰だとしたら、それは生まれつきではなく、人生を楽にして自分の価値を主張するのにちょうどよい手段に見えるから怠惰でいるということです。なぜなら、人が怠惰のラインを進んでいるときも、ある意味で力を求める態度が存在しているからです。怠惰な人は決まってその性格を生まれつきの欠点だと言います。そうすれば、自分の本当の価値は傷つかないように思えます。

こうした自己観察の結果は、だいたい次のような言葉で終わります。「この欠点がなければ、自分の能力を立派に発揮できるのに。でも、自分にはこんな欠点がある」。

ほかにも、猛烈に力を求めて周囲と闘ってばかりいる人は、野心、ねたみ、不信など、闘いに必要と思われる性格を育てます。

わたしたちはこうした性格を、生まれつき人と一体になっていて変えられないと思いますが、よく観察すると、単に動きのラインに必要だから身につけているのだとわかります。

性格は中心的な要素ではなく副次的な要素で、人のひそかな目標から生まれるため、**目的論**的に観察しなければならないのです。

人間の生き方、行動、視点は、目標の設定と必ず結びついています。なにかの目標もなく考えたり実行したりすることはありません。目標は子どもの精神のぼんやりした輪郭のなかに早くからただよい、精神の全体的な成長に方向を与えています。子どもの精神を導く力、形作る力であり、個人の一貫性や周囲と異なる人格を示す要素でもあります。なぜなら、個人が見せる動きや表現は、すべてひとつの共通した点に向けられているからです。

だからわたしたちは、人がラインのどこにいようともその人がどういう人物かがわかるのです。

性格は遺伝するのか

遺伝の重要性は、あらゆる精神の現象、なかでも性格の形成に関しては完全に否定しなければなりません。

この分野で遺伝説を裏づけるような手がかりはありません。人生でなんらかの現象をさかのぼっていけば一番初めの日に行きつくのは当然ですし、すべては生まれつきのように見えるものです。家族や国民や人種に共通した特色があるのは、単に他者を見習っているから、他者から学んで借用した性格を自分のなかで育てているからです。

わたしたちの文化には、成長過程の人が模倣したくなるような事実、精神の特色、身体の表現があります。

たとえば、視覚に問題をかかえて奮闘する子どもでは、見たいという形で現れる知識欲が、好奇心という特色を作ることがあります。けれど、必ず好奇心を育てるわけではありません。

子どもの人生のラインにそって求められたときに、知識欲などの部分で特色が育てられ、子どもが持ち物をかたっぱしから調べたり、分解したり、壊したりするようになるのです。もしくは、読書などにふけることもあります。

聴覚に問題がある子どもが疑い深くなるのも似たような状態です。

こうした子どもは現在の文化ではより厳しい形で危険を感じとります。さまざまな厳しい体験にもさらされ（障害があることであざけられたり低く評価されたり）、疑い深い性格を育てやすくなります。多くの喜びを排除されているので、敵対的な感情が芽ばえるのも理解できます。

疑い深い性格は生まれつきだという推測に根拠はないでしょう。

同じことは、犯罪的な性格は生まれつきだという考えにも言えます。犯罪者の家族も犯罪者になるという意見には反対しなければなりません。そうした家庭には、代々続く伝統も人生観もわるい見本もあります。

窃盗などが生きる手段として子どもに教えられたりもします。

同じことは、とくに評価の追求にも言えます。どんな子どもも困難に直面するため、評価を求めずに成長する子どもはいません。評価の追求はどんな形でも現れ、別のものと入れ替わったり、変化したり、人によって異なって見えたりします。

子どもの性格は親に似ることが多いと言われますが、評価を求める子どもは、高い評価をすでに手に入れている周囲の人の姿に引き寄せられるのです。

どの世代もこうして先人から学び、力の追求がこじれてひどく厄介な事態になっても身につけたことを続けます。

隠された優越感

優越という目標は、隠れた目標です。共同体感覚が働いていることで、この目標は人知れず発達し、やさしそうな仮面の下に顔を隠しています。とはいえ、もしわたしたちがもっと他者を理解していれば、優越という目標がこれほど多くはびこることはありません。

わたしたちが見る目を養い、周囲の人の性格をもっとはっきり読みとれるようになれば、いまよりも自分の身を守れるだけでなく、他者の優越の追求を困難にして割に合わないものにすることもできるでしょう。そうなれば隠れた力の追求などはなくなるはずです。

ですから、この関連をじっと観察し、得られた認識を実際に活用していくのは価値のあることだと言えます。

わたしたちはあまり人間をわかっていないのです。

わたしたちが暮らす文化の状況は複雑で、人生について正しく学んで訓練することがとても難しくなっています。

するどい洞察に欠かせない手段はとりあげられていて、学校がこれまでしてきたことと言えば、知識の素材をいくらか子どもに披露して、とくに関心を引き起こさないまま、子どもができることやしたいことを詰め込んだくらいです。学校に通うこと自体、大部分の人にとってはかなわぬ望みでした。人間を知るために不可欠な条件は、これまで軽視されてきました。

このような状態の学校で、わたしたちは人を判断するものさしも習得してきています。学校では物事を善悪にわけて区別することを学んできましたが、わたしたちはそれを見直さずにいます。そうして誤ったまま人生を進み、苦しみつづけるのです。

わたしたちは子どものころに身につけた偏見を、大人になってからもまるで聖なる掟のように固持しています。また、複雑な文化の渦に巻き込まれ、物事の本当の理解をはばむきわめて有害な考え方をしていることに気づいていません。

なぜなら結局は、自分に価値があるという感覚を高める観点だけですべてのことをとらえ、自分の力を増すための態度をとっているからです。わたしたちのものの見方には物事に対する本当の理解が含まれていませんでした。

何が性格を作るのか

性格ができていくとき、力の追求のほかにも突出した役割を果たす要素がもうひとつあります。他者と生きる共同体感覚です。

これは評価の追求と同じようにごく幼いうちから、心が動いたとき、なかでも愛情を感じたり他者と接触しようとしたりしたときに現れます。

共同体感覚を伸ばす条件については『人間の本性――人間とはいったい何か』で扱ったので、ここでは簡単にまとめるだけにします。共同体感覚はおもに、劣等感と、それによる力の追求の影響を受けています。

人間とは、とにかく劣等感をもちやすい存在です。

そもそも、劣等感が生じてはじめて精神生活のプロセスは始まります。落ち着かなくなり、欠けた部分を補おうとし、安らかに、楽しんで人生を送るための安全と充足を求めます。劣等感を知ることで、子どもに対してとるべき行動の方針が見えてきます。

とくに求められるのは、子どもの人生をつらいものにしない、人生のわるい面をあまりにつらい形で知ることから守る、つまりできるだけ人生のよい面を伝えることです。

ここにはまた、経済的な条件も関わります。無教育、無理解、貧困はなくすべき現象で、あってはいけないのですが、経済的な条件のために子どもはこうしたつらい環境で育つことになります。

身体的な問題も重要な役割を演じます。この問題は子どもを通常の生活に適さないようにし、特権を与え、存在を維持するための特別な対策をとらせるのです。

たとえわたしたちが行動の方針をすべて達成したとしても、経済的・身体的に問題のある子どもが人生を困難だと感じることを防いだりはできません。子どもは共同体感覚を失う危険にさらされます。

人を判断するには、全体的な態度や思考や行動に、共同体感覚という概念を照らしあわせて測るしかありません。

なぜこう言えるかというと、社会に暮らすどんな立場の人も、人生に根を下ろしているという深い感覚を求めているからです。その結果、わたしたちはぼんやりと（ときにははっきりと）、他者に対して果たすべき義務が自分にどれほどあるかを感じて知っています。

わたしたちが人生という枠組みの中で、人がともに生きるという論理から逃れられないことは事実です。

人を確実に判断する基準は、共同体感覚の成長度しかあり得ません。わたしたちが共同体感覚に精神的に依存していることを否定するのは不可能です。自分には共同体感覚はないと本気で否定できる人などいません。ともに生きる仲間に対する義務から逃れるための言葉はないのです。共同体感覚は警告の声を発してつねにその存在を思いださせます。

ここで言っているのは、わたしたちがいつも共同体感覚を意識して行動しているということではありません。共同体感覚を抑えて無視するにはかなりの力が必要だということです。さらに、これがだれにでも通じる普遍妥当な感覚であるために、わたしたちはなんらかの形でこの感覚に対して言い訳しながら行動します。だから人は生きていくなかで、なにかを考えたり行ったりするにあたり、理由（少なくとも、仕方ないと思えるような理由）をもちだす傾向があるのです。わたしたちがつねに共同体感覚とつながったり、つながっていると信じたり、せめてそう見せかけたりしようとすることで、生き方や思考や行動に関する独自のテクニックが生まれてきます。

要するになにが言いたいのかというと、見せかけの共同体感覚というものがあって、人がもつ傾向をヴェールのように覆い隠していることがあるのです。この傾向を解明しなければ、人を正しく判断することはできません。

このように人を欺く可能性があるということは、共同体感覚の成長度の判断が難しくなるということです。

人間を知るのはそれだけ難しいことなのです。ですから、人間を理解するこの営みは学問として扱われなければなりません。共同体感覚がどれほど誤って用いられているかを示すため、わたしたちの経験からいくつか例をあげましょう。

心が欠落している人たち

ある青年が数人の友人と海に行き、泳いで島に向かってそこでしばらく過ごしました。すると、岩から身を乗りだしていた友人がバランスを崩して海に落ちたのです。青年は身を乗りだして、友人が沈んでいく様子を物珍しそうに見つめていました。のちにこのことを考え、あのとき自分には好奇心しかなかったことに青年は気づきました。余談ですが、友人は無事でした。けれど青年に関しては、共同体感覚を大きく欠いていると言わざるを得ません。

青年がそれまで人に危害を加えたことはなく、それどころかとても仲よくしていた人もいたと聞いても、彼に共同体感覚があまりないことについてわたしたちは惑わされたりしません。

もちろん、こうした思い切ったことを言うには、材料をもっと手に入れなければなりません。そのため青年がよく思い描いた空想をとりあげましょう。

青年の空想は、森の真ん中にある快適な小屋にいて、すべての人から離れているというものでした。

このイメージは、彼が絵を描くときによく使うモチーフでもありました。空想についてくわしい人がこうした話を聞けば、共同体感覚の欠如をすぐに見抜くでしょう。そして、道徳をもちだすまでもなく、青年にはなにか誤った成長が作用し、共同体感覚の発達を妨げたとわたしたちが言うのも、そう間違ってはないでしょう。

次のケースでは（これが単なる奇談であることを願います）、真の共同体感覚と、偽の共同体感覚の違いがいっそうはっきり示されています。

ひとりの老婦人が市電に乗ろうとして足をすべらせ、雪のなかで転びました。彼女は立ちあがれず、たくさんの人が手を貸すこともないまま、そのそばを通りすぎました。そうしてやっと近寄る人が現れて、彼女を助け起こしました。

この瞬間、どこかに隠れていた男がかけ寄ってきて、こう話しかけました。「ついに礼儀正しい人が現れましたね。わたしは5分前からそこに立っていて、こちらのご婦人を助け起こす人がいるかどうか待っていたのです。あなたが最初ですよ」。ここには、一種の思いあがりや見せかけによって共同体感覚を誤って用いている様子、あつかましく他者を裁き、賞賛と非難をわけ与えながらも、自分ではなんの手助けもしない様子がはっきりと見られます。

ケースによっては、あまりにも複雑で、共同体感覚の成長度の判断が難しいことがあります。その場合は、共同体感覚の根源に戻るしかありません。そうすることで判断がつくようになってきます。

たとえば、軍の司令官がもう半分負けたと思いながらも何千もの兵を戦場に送って死なせるような事例です。当然、司令官は国民のためにやったことだと主張するでしょうし、多くの人も賛同するでしょう。

けれど、司令官がどんな理由を述べようとも、彼を共生の正しい仲間だとわたしたちが見なすことはありません。

人の性格を見ぬく方法

こうしたケースで正しく判断するために必要なのは、だれにでも通じる普遍妥当性のある視点です。それは、**公衆の利益になるか、全体の幸せにつながるか**ということです。

この視点に立っていれば、判断に手こずることはまずなくなります。

共同体感覚の成長度は、人のあらゆる表現のなかに示されます。人が周りの人をどのように見つめるか、どのように握手し話しかけるかなど、すでに外面的なところで現れているのです。全体的な態度からほぼ感覚的に印象が伝わってきます。

わたしたちはときに、人のふるまいから無意識に推論して、そこから自分の態度を決めることがあります。

ですからわたしたちは、このプロセスを意識の領域にもちだし、誤りなく調査や評価ができるようにしているのです。これができれば、わたしたちは偏見に惑わされなくなります。コントロールも修正もできない無意識のなかでこのプロセスが行われると、偏見に惑わされやすくなるのです。

ここでもう一度指摘しておきましょう。性格を判断するときには、必ず、決定的な要素として人の態度全体に目を向けなければなりません。個々の現象を抜きだして、身体の特徴や境遇や教育**だけ**に注目するのは十分ではありません。

これに気づけば、人類はもう苦しい思いをしなくてすみます。なぜなら、わたしたちがこの方法をきちんと続け、もっと深く自分を知ることでさらに自分に合ったふるまいができると気づけば、ほかの人、とくに子どもによい形で働きかけることもできるからです。

運命が避けられない不運なものになることも、重苦しい家庭環境で育ったために不幸になったり、そこから抜けだせなくなったりすることも防げます。これを達成できれば、人類の文化は重大な一歩を踏み出し、自分の運命の主人は自分だということをよく知る世代が育つ可能性が生まれます。

こうして性格は作られていく

精神が成長する過程で選びとる方向によって、子どもがはぐくむ性格も決まってきます。

この方向はまっすぐに進むこともあれば、曲がることもあります。まっすぐな場合、子どもは目標の実現に向かって直線的に突き進むので、アグレッシブで大胆な性格をはぐくみます。

性格形成の始めにはこうしたアグレッシブで早急な要素がいくらかあるものですが、このラインは人生の困難によってすぐに折り曲げられます。困難は敵対者の強い抵抗によって生まれるため、まっすぐ進むことでは優越という目標を達成できません。子どもはなんとか困難をよけて通ろうとします。この回り道の途中でも、特定の性格を身につけるのです。

同じように、それ以外の困難も性格の形成に影響を与えます。すでに学んだとおり、身体器官の発育不良や、周囲からの不適切な扱いなどです。また、より広い周囲の世界の影響も重要です。広い周囲の環境は、逆らえない教育者として現れます。なぜなら、公共の生活は、教育者の要求や思考や感覚が形になったものだからです。教育者の要求は、社会生活や現在の文化に合うように教育を整えることで決められるのです。

直線的な性格の成長にとっては、どんな困難も危険を意味します。方力を得ようとして子どもが選びとる道は、直線の方向から多かれ少なかれ外れます。方向がまっすぐな場合、子どもの態度は確固として示され、困難にじかに向きあうラインを進みますが、曲がった場合に見られる姿はまったく違います。

子どもは、危険があること、敵がいること、気をつけなければならないことを、もうすでに学んでいるのです。

彼らは回り道をしながら狡猾《こうかつ》な方法で評価や力を得ようとします。その後の成長は、回り道をどのくらいするか、つまりひどく慎重になるか、人生で求められることにまだ調和を保っているか、すでに調和を欠いているかといったことに左右されます。

子どもは直線的に課題に向かわず、臆病や引っ込み思案になり、物事を直視せず、真実を言わなくなります。子どものタイプが違っても、目標は同じです。2人の子どもが同じことをしていなくても、目標が同じことはあります。

2つの方向を両方とも身につけることは、ある程度まではならあります。とくに、子どもがまだ固まった型を身につけておらず、原理原則がゆるやかな場合です。この場合、いつも同じ道を選ぶとは限らず、十分に自発的かつ柔軟でいられるので、ひとつのパターンがうまくいかないとわかれば別のパターンを見つけることができます。要するに、共生の要求に応えるためには、まず共生がうまくいっていなければならないのです。

子どもが周囲に対して戦闘的な態度をとることがなければ、要求に応えるよう教えることは難しくありません。家庭内の争いを避けられるのは、親が自分の力の追求を抑えて、子どもに負担や圧力をかけていない場合だけです。さらに親が子どもの成長についてよく理解していれば、まっすぐな性格が極端に走ることも、勇気が無礼に、自主性が荒々しいエゴイズムになることも避けられるでしょう。

同じように、どこか暴力的に作られた権威によって順応が奴隷的な服従になることも、素直にふるまった結果を恐れて子どもが内向的になり、真実を避けることも防げるでしょう。

なぜなら、教育でよく使われる圧力はきわどい手段であり、たいていは誤った適応を生むだけだからです。

強制された従順は、見せかけの従順にすぎません。これに関係するあらゆる困難が、直接的にしろ間接的にしろ子どもに影響を与えることで、環境全体が子どもの精神に反映し、それに応じてなんの批判もなしにその精神が作りあげられることになります。これは、子どもが批判を言いだせないか、周囲の大人がこのプロセスを知らなかったり理解していなかったりするからです。

楽観的な人　悲観的な人

人を分類するには別の方法もあります。困難にどのように立ち向かうかによってわけるのです。

楽観タイプは、全体的にまっすぐな方向で性格をはぐくみます。あらゆる困難に勇敢に立ち向かい、深刻にとらえません。自分を信じる思いを失わず、生きやすいポジションを比較的容易に見つけていきます。自らをきちんと評価し、我慢させられている感覚もないので、多くを求めすぎることはありません。そのため、ことあるごとに自分を弱くて不十分だと思う人よりも人生の困難に耐えることができます。かなり難しい状況でも、間違いはとり返せると強く信じて落ち着いていられます。

楽観タイプは外面的な様子からも見わけることができます。イメージしやすいように言えば、腕を広げて他者を受け入れようとしているのです。

恐れず、心を開いて屈託なく他者と話し、遠慮しすぎたりしません。

すぐ人を疑ったりしないので、容易に人とつながり、友人になります。話し方はなめらかで、態度や歩き方はのびやかです。ただし、完全に楽観的な人を目にすることはあまりありません。あってもごく幼いころだけでしょう。けれど、わたしたちを満足させるくらい楽観的で、人とつながることを好む人はいます。

もうひとつの**悲観タイプ**は、教育するのがきわめて難しいタイプです。

子どものころに受けた印象や体験のせいで劣等感をかかえていて、さまざまな困難から人生は楽なものではないと感じやすくなっています。不適切な扱いをされて、ひとたび悲観的な世界観をもつと、人生の暗い面ばかりに目を向けます。楽観タイプよりもずっと人生の困難を意識していて、すぐに勇気を失います。不安感に包まれていることが多く、支えを求めます。

これは外面的なところにも現れ、たとえば子どもが母親に寄りかかったり、母親を呼んだりする様子に、支えがないと立てないことが示されます。この**母親を求めて呼ぶ**様子は成長してからも見られることがあります。

このタイプがとても用心深いことは態度を見ればわかります。つねに危険を感じとるので、たいていは引っ込み思案で、臆病で、動きが遅く、用心深く計算するようになります。寝つきもわるいです。睡眠というのはそもそも人間の成長を測るのに適したものさしです。

睡眠障害は、その人がかなり用心深くて安心できないことを表しています。まるで人生という闘いから自分をうまく守るために、つねに警戒しているような状態です。ここからさらに読みとれるのは、ぐっすり眠ることさえできないこのタイプには、生きていく技も、人生やその意味への理解もほぼないということです。

もし現実が彼らの考えるとおりならば、まったく眠っては**いけない**ことになります。人生が本当に彼らの思うようなつらいものなら、睡眠は不利益をもたらすことになるのです。

こうした自然のシステムに反する態度をとる傾向には、生きる力が不足していることが現れています。ときにはそのまま睡眠障害としてではなく、鍵を閉めたか確認する、強盗に入られる夢を何度も見るといったちょっとしたことに表れる場合もあります。

寝ているときの姿勢でもこのタイプは見わけられます。ごく狭いスペースに丸まっていたり、毛布を頭まで引きあげたりしていることが多いのです。

攻撃する人　される人

別の観点からは、攻撃する側か攻撃される側かで人を分類することができます。

攻撃に向かう態度は、とくに大きな動きとなって現れます。「攻撃するタイプ」が勇ましい場合、勇気を高慢の域までもっていき、なにかをなしとげられることを強調して自分にも他者にも示そうとします。

これは、実は彼らを操る深い不安感があるということです。このタイプが弱腰な場合、恐怖に抵抗しようとします。人によっては、やさしく温かい感情を抑え込もうとします。こうした感情を弱さのように思うのです。

いつも強さを見せつけたがり、多くの場合、目につくほど強調します。「攻撃するタイプ」は粗野だったり残酷だったりすることもあります。

悲観的な傾向がある場合、他者と共生することも共感することもしないで敵対するため、周囲との関係が変化します。このとき、意識的に自分を高く評価し、ひどくうぬぼれて横柄で独りよがりになります。まるで本当に相手に勝っているかのように虚栄心を見せます。けれど、露骨で過剰なその態度は共生の邪魔になるだけではなく、すべては緻密に作りあげられたもので、その下にある大本は不安げに揺れ動いているということを暴露するものでもあります。

こうして攻撃の態度は作られますが、一時的にしか続きません。

このタイプの成長は簡単ではありません。

人間の社会はこうした存在を好みません。目立つということですでに嫌がられます。つねに優位に立とうとする彼らはたちまち他者と衝突します。

とくに同じタイプとは競争心を引きだすので衝突します。人生は闘いの連鎖になり、もし敗北すれば（ほぼ免れません）、これまで歩んできた勝利のラインは途絶えます。するとすぐにひるむようになり、根気をなくし、挫折の克服にひどく苦労するようになります。

こうなると、彼らをこの状態から抜けださせることも難しくなります。課題に失敗したことがのちのちまで影響し、彼らの成長過程は、つねに攻撃されていると感じる次のタイプにつながります。

この**「攻撃されるタイプ」**は、自分を弱いと思う感覚を克服するときに、攻撃のラインを進まず、不安、用心、臆病というラインを進みます。

こうした態度は、攻撃するタイプで詳述したラインをわずかな時間でも進んだことがあったからこそ、できあがったと言えます。「攻撃されるタイプ」はすでに手痛い体験をしているため、すぐ逃げる道を選ぶというなにも生まない結論を出します。多くの人は、成果のあることにとり組むふりをして、逃走の動きを自分にも隠します。

過去を振りかえり、思い出ばかりに集中して空想を育てますが、これは危険そうに見える現実から逃げるという目的にしか使えません。

まだ自発的なところが残っている場合、逃走のラインを進んでいても世間のためになることを達成する人もいます。

芸術家の心理がどういうものかに興味のある人は、なんの邪魔もない空想やアイデアのなかで別世界を作りあげるために、現実に背を向けた芸術家の姿をしばしば目にすることがあるでしょう。しかしこれは例外です。たいていの人は失敗します。

なにもかもを恐れ、疑い深くなり、どうせ人は敵意を見せるのだと彼らは思います。残念ながら現在の文化では、こうした態度は強まるばかりで、彼らは人間のよい面や人生の明るい面をまったく見られなくなります。

このタイプによくある特徴は、ひどく**批判的**で、どんな失敗も即座に感じとるということです。裁判官のようにふるまいながら、自分では周囲のためになることをしません。いつも批判するだけで、協力せず、場を壊します。疑い深いため、様子を見てためらう態度をとります。課題に直面すれば、まるで決断を先延ばしするように迷ってためらいます。このタイプを象徴的に表すなら、抵抗するために両手を突きだし、ときには危険を直視しなくてすむように視線をそらすような人です。

このタイプがもつほかの特徴もあまり好ましいものではありません。自分を信じられない人が他者も信じられないのはよくあることです。けれど、このような態度では、どうしてもねたみや狭量《きょうりょう》といった特徴が育ちます。

内にこもった彼らの生き方は、人を喜ばせたり、他者の幸福をともに喜んだりする気がないことを意味しています。ときには、他者の喜びを苦痛ととらえ、傷つけられたように感じます。このタイプは多くの場合、自分をほかの人よりも上に感じる術策に長けていて、この感覚を人生のなかで揺るぎのないものにします。他者よりも上に見せたいという望みのなかには、あまりにも複雑で一目では敵意とわからない感情が生じることもあります。

人の成長を助ける手がかり

人が進むラインについてよく知らなくても、人間を理解することはあります。これはふつう、精神の成長のポイントを**単発的**に拾いあげ、そのポイントからタイプを探って見当をつけるという方法で行われます。この方法であれば、人間を分類することはできるでしょう。

たとえば、考え込みがちだったり空想にふけったりして人生に踏みださず、行動に移さないタイプなのか、あるいは、活動的で、熟考や空想はあまりせず、いつもなにかにとり組んで人生に踏みだしているタイプなのかといった具合です。こうしたタイプはたしかに存在するでしょう。けれど、それでは考察がもう終わってしまい、ほかの心理学と同じように、この人は空想にふけりがちで、この人には実行力があると確かめて満足することになってしまいます。

これでは十分とは言えないでしょう。わたしたちはその先を目指し、どうしてそうなったのか、そうなるしかなかったのか、どうすれば回避したり変えたりできるのかをはっきりと知ろうとします。ですから、表面的な視点から行われた適当な分類は、たとえその分類のタイプが目を引くものであっても、たしかな人間の理解には有用ではないのです。

個人心理学は、人が示す動きの進展を把握するのに、その始まりが見つかるごく幼い子ども時代に目を向けてきました。そして、人が示す動きはどれも、共同体感覚が強く表れているか、あるいは力の追求が強く表れたものであることを確認しました。これによって、個人心理学は人をかなりはっきりと把握、分類できる手がかりを得たのです。

ただしもちろん、ごく広い領域を扱う心理学者にふさわしい慎重さをもって観察した場合に限ります。わたしたちはこうした条件のもとで、精神の現象には共同体感覚が強く見られ、力の追求や威信をめぐるかけひきはごくわずかにとどまっているのか、それとも、野心の要素が強く、人よりどれほど優れているかを自分や周囲に示そうとしているのか、ということを確かめる基準を獲得しています。

この土台に立てば、特定の特徴をより明確に見つめて考慮し、人格を総体として見て理解することは難しくありません。これは、その人がどういう人物かを想定し、相手に働きかける手がかりを得ているということでもあります。

人間の４つの気質

精神の表現形式の分類に心理学で昔から使われているのが**気質**です。

気質をどう理解するかは難しい問題です。人が考え、話し、行動する速さでしょうか。それとも、人が込めるパワーやリズムなどでしょうか。気質というものについて心理学者がしてきた説明をたどっていくと、精神生活を検討する学問は、古代以来、４つの気質の分類から先に進んでいないと言わざるを得ません。

多血質、胆汁質、憂うつ質、粘液質の分類は、古代ギリシャのヒポクラテスがまとめ、ローマ人によって広められ、いまも心理学における尊い聖域となっています。

多血質タイプは、ある程度生きる喜びを示し、物事をあまり深刻にとらえず、うじうじと考え込んだりしません。なにに対しても一番美しくて心地よい面を見いだそうとし、悲しいことがあれば悲しむけれど気落ちすることはなく、うれしいことがあれば喜びを感じるけれど驚喜することはありません。

このタイプの記述からわかるのは、おおよそ健全な人で、大きな害のある特徴は見られないということです。これは、残りの3タイプとは違う点です。

胆汁質タイプは、昔の詩的な比喩で、歩みを妨げる石があれば烈火のごとく怒って投げとばすと描写されています。多血質であれば、おだやかに石をまたいでいくところです。

個人心理学の言葉で言うと、胆汁質は力を追求して張りつめているので、つねに動きが大きくなり、強引に行動して、直線的で攻撃的な方法ですべてを押しきろうとします。この気質はかつて胆汁と関連づけられ、怒りっぽい気質とされてきました。いまでも「胆汁があふれる（かっとなる）」という言い回しが使われています。

けれど実際は、胆汁質というのは動きが大きい人で、力があると感じているだけでなく、その感覚を発揮して見せつけたいと思っているのです。その様子は子どものときから見られます。

憂うつ質タイプは、また別の印象を与えます。昔の比喩では、歩みを妨げる石を見ると「自分のあらゆる罪を思い浮かべ」、悲しく考え込んで引き返すと表されています。

個人心理学の見方では、このタイプはひどくためらう人です。困難を克服して先へ進む自信がなく、やたらと用心して歩を進め、リスクを負うくらいなら立ち止まるか引き返します。

つまり、不信の念が強く、他者よりも自分のことを考えがちなのです。そのため、このタイプも人生の大きな可能性につながることはありません。自分の心配に圧迫されて、視線を後ろか内側にしか向けられなくなっています。

粘液質タイプは、人生になじんでいません。受けた印象を集めるだけでとくに結論を出すことはなく、感銘を受けたり興味を引かれたりすることもなく、強く力を追求したりもしません。要するに、粘液質も人生とつながらず、場合によっては人生からもっとも離れた態度をとっています。

ですから、よいタイプと言えるのは多血質だけということになります。もうひとつ言っておかなければならないのは、人の気質が4つのどれかに明確に分類できることはまずなく、たいていはいくつかが混ざっているということです。

つまり、気質による分類は絶対のものではないのです。気質が入れ替わることもあります。たとえば、ある子どもが最初は胆汁質だったのに、のちに憂うつ質になり、最後には粘液質になったりします。

多血質についてはさらに確認しなければいけない点があります。子ども時代にごくわずかしか劣等感にさらされていないこと、身体器官に明らかな問題が見られないこと、強い刺激を受けていないことです。だからこそ、おだやかに成長し、人生を好きになり、落ち着いて人生に向きあうことができたのです。

血液が性格を作る？

現在では、人の気質は**内分泌**に左右されると説明する科学が現れています。つまり、近年の医学は分泌腺の理解にとり組むようになったのです。この分泌腺にはおもに、甲状腺、脳下垂体、副腎、副甲状腺、生殖腺があります。これは排泄管のない腺で、体液を血液に送る分泌組織です。※注

一般的な見解として、身体のすべての器官や組織は、血液によって身体中の細胞に運ばれる分泌物の影響を受けるとされています。

こうした分泌物には刺激作用といわゆる解毒作用があり、生命の維持に欠かせません。内分泌腺の意味はまだ完全には解明されていません。

この学問そのものが始まったばかりで、完全な実証ができていないのです。とはいえ、内分泌に関する研究は心理学の方向性にも関わろうとしていますし、人の性格と気質につ

いて報告できると主張しているので、もう少しふれておく必要があるでしょう。

まずは、強い異議を伝えなければなりません。

甲状腺の分泌が不足しているなど、実際に病気のケースを見る場合、粘液質かと思えるような精神的な現象も目にすることはたしかにあるでしょう。患者の外見がむくんでいて、肌が荒れたり髪の発育がわるかったりすることは別にしても、こうした人も動きがひどく遅くてにぶいものなのです。

精神の感度はかなり低く、自発性はあまりありません。

けれど、わたしたちが粘液質と呼ぶような、甲状腺の分泌不足を病理学的に証明**できないケース**と病気のケースを比べると、２つのケースはまったく似ておらず、まったく別の像が見えてきます。

おそらく甲状腺が血液に送る体液には、問題のない精神の機能に作用するなにかがあると言うことはできるかもしれません。とはいえ、２つのケースを同一視して、粘液質は甲状腺の分泌不足によって生じるとまでは言えません。

わたしたちが取りあげる粘液質は、**病理学的**なタイプとはまったく違います。気質や性格が異なり、しかも精神的な病歴があるものです。わたしたち心理学者の対象になる粘液質は一定したタイプではなく、こうした人に見られる非常に強く激しい反応に驚かされることもよくあります。

一生ずっと粘液質である人はいません。わたしたちは、粘液質は人が作った覆い、安全装置に他ならないことをいつも目にしています。感じやすい人が自分と外界のあいだに作りあげたもので、おそらくもともと自分を守る傾向があって作られたものなのです。粘液質は安全装置であり、人生の課題に対する意味深い答えです。そういう意味でもちろん、甲状腺のすべてや一部が働かない人の単なる身体的な動きの遅さ、にぶさ、不完全さとはまったく異なっています。

この重要な考察をわたしたちは無視できません。

たとえ甲状腺の分泌に異常がある人だけが粘液質になると証明されたとしても、それは重要ではないとわたしたちは主張します。大事なのは、原因と目標がセットになっていることであり、身体器官の活動と外部からの働きかけが合わさっていることです。

まず器官に対する劣等感が生まれ、個人のさまざまな試みが始まり、不快な思いをしたり自分に価値があるという感覚を傷つけられたりすることを粘液質によって防ぐ試みが生じるのです。

けれども言いかえれば、ここでもやはり先ほど言及したタイプ、つまり甲状腺の異常とその影響が問題になるタイプが関係してきます。このタイプは器官の劣等によって人生で不利な立場を与えられ、それを粘液質などの精神的な術策で埋め合わせようとしているのです。

この見解は、別の分泌異常を検討し、それに「当てはまる」気質を研究すると強まります。

たとえば、バセドウ病の場合のように、甲状腺の過剰分泌を示す人がいます。こうした患者の身体的な特徴として、心臓の活動の増加、とくに心拍数の増加、眼球の突出、甲状腺の腫れ、全身（とくに手）の軽度から重度のふるえがあります。また、汗をかきやすくなり、おそらく膵臓の影響で消化器官に問題が生じることもよくあります。興奮状態も現れ、患者は性急でいらいらした様子を示し、たいていは不安状態におちいります。症状が進んだ段階のバセドウ病患者の様子は、気の弱い人の姿にそっくりです。

※注　クレッチュマー『体格と性格』を参照。

生殖器が性格に影響する？

けれど、これを心理的な不安による現象と同じだと言ってしまうのは、大きな間違いでしょう。

身体の病気で見られる心理的な要素には、すでにあげたとおり、興奮状態、精神的・身体的な作業があまりできない状態、身体器官と精神の両方に起因する衰弱状態があります。

しかし、身体の病気が**ない**のにいらいらして興奮して不安になる人と比べれば、大きな違いがあることがわかります。分泌が過剰である甲状腺機能亢進症の人には、興奮状態などの慢性的な中毒症状があると言えますが、そうでないのに興奮しやすく、性急に行動し、すぐに不安になる人の場合、状況はまったく違い、精神的な病歴を見つけることができます。

つまり、ただ**似ている**だけで、性格や気質に見られる**計画性**がないのです。

そのほかの内分泌腺についてもふれておきましょう。

特殊なのは、さまざまな内分泌腺と**生殖腺**の関連[※注]です。この見解は現在、生物学研究のひとつの原則となり、内分泌腺になにか異常が見つかれば、生殖腺の異常も見つかるとされています。双方の異常がともに発生することについての特別な従属関係や理由はまだ確かめられていません。けれど生殖腺についても、先ほど述べたこと以上の精神的な影響があるとは言えません。

この場合もやはり、わたしたちが以前から知っている身体器官に問題のある人物像を超えることはほとんどありません。こうした人は人生でどうすべきかよくわからないため、精神的な術策や安全装置を示すことが多くなります。

性格と気質が生殖腺の影響を受けているという考えはことさらに信じられてきました。けれど、生殖腺分泌の決定的な異常は一般的にそう多く見つからないことを考えると、この種の病気に関しては、特殊なケースであると言うしかありません。

また、生殖腺の機能に直接関係した精神の現象はない、むしろ患者個人の状況に関係していると言うのであれば、それもやはり、心理学的な確固とした基盤を欠いています。

はっきりと言えるのは、生きるために必要な特定の刺激は生殖腺からも生じるということだけです。この刺激は環境における子どもの立ち位置を決めますが、別の器官によって刺激が与えられることもあり、ひとつの明確な精神構造を作るとは限りません（カーライ

ル）。※訳注

人を評価するのは慎重さを求められるきわめて難しい課題で、誤れば生死に関わることもあるため、ここで警告して伝えておかなければならないことがあります。

それは、生まれつき身体の弱い子どもを、特別な術策や精神の独特な成長に向かわせる**誘惑**は大きいけれど、**誘惑は克服できるものである**ということです。

どんな状態であれ、人に特定の態度をとらせる器官はありません。誘惑はしますが、あくまでも**誘う**だけです。

病気によって性格が決まるような説が信じられているのは、身体の弱い子どもがおちいる精神の成長の困難をなくすことを、最初からだれも考えてこなかったからです。当然とも言える誤りに子どもたちをおちいらせ、ただ眺めているだけで、助けも支援もしないからです。

ですからわたしたちは、近年の**素質の心理学**の主張に対して、個人心理学による**立ち位置の心理学**が正しいことを主張しなければならないのです。

※注　アドラー『器官劣等性の研究』を参照。

※訳注　イギリスの思想家、トーマス・カーライルを参照。

パワーゲームが性格を作る

個々の性格を検討する前に、本書と『人間の本性――人間とはいったい何か』で得られた見解を簡単に振りかえってみましょう。

重要な点として、人間を知るためには、精神的に関連しない個々の現象に頼ってはいけないことが確認されました。

少なくとも2つの、できるだけ時期の離れた現象を比較し、共通の名前をつけられるようでなければなりません。この実践的な提言は有用であることが証明されています。これによって、多数の印象を集めて体系的に利用し、たしかな判断をすることができます。もし個別の印象に頼って判断すれば、ほかの心理学者や教育者と同じ窮地におちいり、効果がないとわかっている従来の手段に手を出すことになります。

けれど、できるだけ多くの手がかりを得て、それぞれの手がかりを結びつけられるならば、ひとつの体系が見えてきて、その力が働くラインがわかってきます。その結果、ひとりの人間に対して明確で一貫した印象が手に入るのです。

足元の土台が固まったと感じられます。もちろん、相手との距離が近くなれば、自分の判断を多少なりとも修正する必要が出てきます。それでも教育的な介入の前に、まずこうして完全に明確な像を得ておくことは欠かせません。

このような体系化のために、さまざまな手段や方法も検討してきました。その際、どのような現象が自分に見られるか、どのような人間の理想像が求められるかについても検討しました。

さらにわたしたちが主張したのは、個人心理学が作りあげたこの体系には、ある特定の要素が必ず関わるということです。それは社会という要素です。精神生活の現象はただ個人の現象としてとらえるだけでは十分ではありません。社会生活との関連のなかで把握しなければなりません。わたしたちは、特別な原則として、なかでも人間の共生に価値のある原則として、次のようなことを知りました。**人の性格というのは、道徳的な判断をするための基盤ではなく、人が環境に対してどのように動き、どのようにつながるかという社会的な認識なのです。**

こう考えていった先には、人間らしい2つの現象がありました。ひとつは、だれにでも共同体感覚が見られるということです。

共同体感覚は人間同士を結びつけ、文化という偉大な業績を生んできました。精神生活の現象を測るものさしであり、そこから有効な共同体感覚の成長度を確かめることができるのです。人が他者とどうつながっているか、他者と生きる感覚をどう示して生き生きと豊かに実らせているかがわかれば、人の精神についてくっきりと鮮やかな印象が得られます。

最後にわたしたちは、共同体感覚にもっとも敵対的に働きかけるのは、力や優越の追求だということを確かめました（これが性格を判断する2つ目のものさしです）。

この2つの手がかりをよりどころにすることで、人と人との違いは共同体感覚の成長度と力の追求によって決まることが理解できました。

2つの要素は互いに影響しあいます。

このパワーゲームが表面に現れた形が、わたしたちが性格と呼ぶものです。

2

ねたみと虚栄心の正体

認められようとして評価を追求すると、内面の緊張が高まり、力と優越という目標をはっきりと想定して動いていくようになります。大きな勝利を期待した人生になるのです。

こうした人は現実から外れていきます。人生とのつながりを失って、自分がどんな印象を与えるか、人からどう思われるかばかりを考えるのです。この考えのせいで行動の自由は大きく妨げられ、非常によく見られる性格「虚栄心」が登場します。

虚栄心の強い人

たとえ痕跡だけであろうと、だれにでも虚栄心はあると言えます。

虚栄心をあからさまに見せることは感心されないので、たいていはうまく隠していたり、別の形で示したりします。多少控えめな人でも虚栄心が強いことはあるのです。虚栄心が強いために、他者の判断をまったく気にしないこともあれば、周りの判断を貪欲に求めて自分にとって有利になるように変えようとすることもあります。

虚栄心が程度を超えると非常に危険です。

実際どうなのかということより、どう見えるのかという無益なことばかりにとり組み、他者よりも自分のこと、もしくはせいぜい他者が自分をどう思うかを考えるようになります。そして、現実との接触を容易に失ってしまうのです。人とのつながりを理解せず、人生と関係をもたないまま進み、なにが人生に求められているのか、人としてなにを与えるべきなのかを忘れます。

虚栄心ほど人間の自由な成長を妨げる悪癖はありません。虚栄心の強い人は、**自分**にとってメリットが望めるかについてばかり考えるのです。

野心家

このタイプはときに、虚栄心や高慢という言葉の代わりに、いくらか響きのよい**野心**という言葉を使って身を守ろうとします。

自分にどれほど野心があるかを誇らしげに語る人は多くいます。単に「努力家」と言う人もいます。こうした性格は社会の役に立っているかぎりは容認されます。けれど基本的に、この種の言葉は人並み以上の虚栄心を隠しているだけなのです。

虚栄心は人を早くから真の協力者ではなく、場を壊す存在にします。

多くの場合、自分の虚栄心が満たせないと気づくと、少なくとも他者を苦しめようとします。虚栄心を育てつつある子どもには、危機的な状況で自分の力を誇示し、より弱い相手に自分の強さを見せつける様子がよく見られます。

動物虐待もこの一例です。

すでにやや勇気を欠いている人の場合、よくわからない些細なことで虚栄心を満たそうとし、仕事という大きな闘いの場からは降りて、思いつきで次の場を作って評価の欲求を満たそうとします。

こうした人は人生の大変さをつねに嘆き、ほかの人に責任があると主張します。もし教育がひどくなければ、もし災難が起こらなければ、一番になれたのにと言うのです。このタイプはだいたい同じようなことを訴えます。いつも言い訳を探して、人生の前面に立とうとしません。けれど夢想することで、虚栄心を満たしつづけます。

この場合、周囲の人はたいてい困ったことになります。

虚栄心の強い人から厳しく批判されるのです。虚栄心の強い人は自分の失敗の責任を人に負わせようとします。

正しいのはいつも自分で、他者が間違っていると言うのです。けれど、人生で大事なのは正しいかどうかではありません。自分のなすべきことを先へと進め、他者を支援することです。ところが、このタイプは嘆きや言い訳ばかりをもらします。

わたしたちがここで目にするのは、人間の精神の術策です。

虚栄心が傷つけられることから身を守って、優越感が無傷のまま揺らがないようにしているのです。

よく聞く異論として、人類の偉大な業績は野心がなければ実現しなかったというものがあります。けれどそれは偽りの姿であり、誤った視点です。

虚栄心から逃れられる人はいないため、だれにでもいくらか虚栄心はあると言えます。しかし、虚栄心が人に方向を示したり、有益な業績に向かうような力を与えたりしたことはまずないはずです。

偉業は共同体感覚からしか生まれません。なにかしら共同体のことを考えずに、卓越した業績をなしとげることは不可能です。達成の前提には、必ず社会とのつながりがあり、社会を支援する意志があります。そうでなければ、わたしたちが偉業に価値を認めることもないでしょう。その際、虚栄心に関するものは、妨害をする存在でしかなかったはずです。虚栄心の影響が大きいことはあり得ません。

とはいえ、わたしたちの現在の社会的な環境では、虚栄心を完全に断ち切ることはできません。

この事実を知っておくだけでもメリットがあります。なぜならこれは、わたしたちの文化の最大の急所をついてもいるからです。現在は、多くの人が退廃し、一生ずっと不幸なまま、災厄が生じるところにばかり集まるようになってしまっています。

他者と折りあえず、人生にはなじめません。それは、本来とは別の課題をかかえているから、つまり自分を実際以上に見せようとしているからです。

そのためすぐに現実と衝突します。人が勝手にもつ高い自己評価など、現実にとっては関係ないのです。こうした人は自分の虚栄心にひたすら翻弄されます。虚栄心を満たそうとする拙い試みこそ、人類のあらゆる錯綜のなかでもっとも大きい要素だと見なすべきでしょう。

複雑な人格を理解しようとするときに大事なのは、虚栄心がどのくらいあるか、どの方向に進んでいるか、その際にどのような手段を使っているかを確かめることです。

どんな発見があったとしても、虚栄心がどのくらい共同体感覚を妨害しているかがわかります。

虚栄心と共同体感覚は相反するものです。共同体の原理に虚栄心が従うことはないのです。

仮面をかぶる虚栄心

しかし、虚栄心が進む道は制限されています。この性格は、抗えない絶対の真理のように共生のなかで自然と生まれる論理に反対されつづけるからです。

すると、虚栄心は早くから姿を隠し、変装し、回り道をしなければならなくなります。ですから、虚栄心の強い人は、きちんとやり抜いて、虚栄心を満たせるほどの栄光と勝利を得られるかどうか、いつもびくびくして疑念でいっぱいになっているのです。そうして夢を見て考え込んでいるあいだに、時間が流れていきます。けれど、時間が過ぎた先にあるのは、実行する好機がなくなってしまったという言い訳だけです。

これはふつう次のような形で行われます。虚栄心の強い人は特権的な立場をつねに求め、やや脇に立って観察します。疑い深くなり、周囲の人を敵と見なす傾向をもつようになります。そして、防御の姿勢や闘う姿勢をとります。

多くの場合、疑念にからめとられ、論理的で正しく見えるような考えにふけります。そうしているうちに、生きていくのに重要な人生や社会や課題とのつながりを失うのです。

さらにくわしく見ていくと、虚栄心の奥底が、つまりすべての他者より優れていたいという切望が見えてきます。この切望はあらゆる形で現れます。態度にも、服装にも、話し方にも、人とのつきあい方にも反映します。要するに、どこに目を向けようとも、虚栄心が強くて、他者を上回ろうとする人の姿、たいていは手段を選ばない人の姿が見えてくるのです。

こうした姿は好感を与えません。虚栄心の強い人が賢ければ、自分がおかしいことや共同体と相いれないことにすぐ気づき、手段を洗練させていきます。虚栄心が強くないと示すためだけに、非常に謙虚にふるまい、身なりにかまわずにいることがあるのです。

ソクラテスにはこんな逸話があります。ぼろぼろの服で壇上に向かった演説者に、ソクラテスは「アテネの青年よ、服の穴という穴から虚栄心が見えているぞ」と声をかけたそうです。

多くの場合、自分は虚栄心が強くないと人は信じきっています。表面にばかり目を向けて、ずっと深いところに虚栄心があることを理解していないのです。

たとえば虚栄心は、人前で大きなことを言ったり、ずっと話しつづけたり、ときには自分が発言を許されたかどうかで人の集まりを判断したりする面に現れることがあります。

人によってはそもそも人前に出ません。集まりに顔を出さずに避ける場合もあります。こうした回避もさまざまな形をとります。誘われても行かない、特別に頼まれれば行く、遅れて行くといった形です。特定の条件のときにだけ顔を出す人もいます。高慢にもごく「限られた場」だけにやって来て、誇らしげに自らそう告げることもあります。また、人によっては野心をもって、**すべて**の集まりに姿を見せます。

こうした現象をとるに足らないささいなことと見てはいけません。

これには深く根づいている理由があるのです。実際、虚栄心の強い人は共生にあまり感心がなく、共生を助けるよりもむしろ妨げる傾向をもっています。このタイプをすべて完全に描写するには、偉大な作家のもつような詩的な表現力が必要です。

虚栄心の強い人は子どもっぽい

虚栄心には、上に向かうラインがはっきりと見られます。このラインは、自分を不十分だと感じる人が、身を超える目標を定め、他者以上の存在になろうとしていることを示します。

虚栄心が強い人は**自己評価が低い**のですが、たいていそれを自覚していないと推測できます。自分に足りないところがあると感じたことが虚栄心の始まりだったと気づいている人もいるでしょうが、有効に活用できるほど十分には認識できていないのです。

虚栄心は早いうちから人間の精神生活のなかで育ちます。もともと虚栄心には幼稚な要素が含まれているため、虚栄心の強い人は子どもっぽく見えます。

この性格を作る状況には、さまざまな種類があります。たとえば、子どもが不利な扱いを受けていると思い込んでいる場合があります。これは、不十分な教育のせいで、自分の小ささをひどく重苦しく感じているからです。

別の子どもでは、一種の家族の伝統によって、虚栄心という高慢な性格がもたらされていることがあります。こうした子どもはよく、親も「気高い」性格をしている、だからみんなと違って特別なのだと口にします。

けれど、このむなしい努力の下に隠れているのは、自分を限られた特別な人間だと感じたい思いでしかありません。ほかの人とは違って、とくに「優れた」家に生まれていて、要求も感覚も高くて優れ、本当なら特権を得られるくらいの運命にあると思いたいのです。特権を求めることで、方向が与えられ、行動が導かれ、表現の形式も決まってきます。

けれど、人生がこうした人の成長に手を貸すことはほぼなく、彼らは敵視されるか笑われるため、たいていはすぐにしりごみして後ずさり、変わり者としての人生を送ることになります。だれにも弁解しなくてよい自宅にいるかぎり、彼らは思い描く陶酔のなかにいられます。そして場合によっては、なにかが違っていたらすべて達成できたのにと言うことで、自分の考えがいっそう強められるように感じるのです。

このタイプのなかには、非常に高い教育を受けている優秀な人が多くいます。もし彼らが自分にできることをすれば、それは人の役に立つでしょう。けれど、彼らは自分が陶酔するためだけに、その境遇を誤った形で利用するのです。

積極的に社会に協力する条件として、彼らは壮大な条件を設定します。時間に対して不可能な要求をすることもあれば（たとえば、「もっと前にあれをしていれば、学んでいれば、知っていれば」や、「他者がこれをしていれば、あれをしていなければ」などと言う）、別の理由で要求がかなわないこともあります（「男／女が～でなければ」）。

どんなに努力してもかなわない要求ばかりなので、どれも単に適当な言い訳であることがわかります。自分がしそこなったことを考えずにすむように、現実逃避するのにちょうどよい言い訳なのです。

虚栄心の強い人は攻撃的になる

そのため、こうした人には敵対的な要素が多くひそんでいて、ほかの人の苦痛を軽く見て無視する傾向をもちあわせています。

人間をよく知るモラリスト文学者ラ・ロシュフコーが言ったとおり、たいていの人は他者の苦痛は容易に耐えることができるのです。多くの場合、彼らの敵対心は**厳しい批判の形**で現れます。少しも容赦せず、つねに嘲笑と非難をし、いつも自分が正しくて、すべてが不当だと主張します。

ここで言っておかなければならないことは、わるい面を知って断罪するだけではいけないということです。状況をよくするために**自分自身**がなにをしたかをつねに自問しなければなりません。

けれど、虚栄心の強い人は、他者をさっと眺めて、厳しく批判してすませてしまいます。

彼らはその手法に驚くほど習熟しているのです。

非常に機転が利き、とんでもなく頭の回転が速いのです。ほかの要素と同じように頭の回転の速さも誤った形で使い、偉大な風刺家のようにそこから技と悪癖を作りあげます。他者を乱雑に扱ってけなし、満足することのないやり方は、この性格でよく見られる現象です。

わたしたちはこれを**価値を下げる傾向**と呼んでいます。

これには、虚栄心の強い人が本当はどこを攻撃しているかが示されています。それは他者の価値と重要性です。ほかの人を下げることで優越感を得ようとしているのです。人が認められると、彼らは自分が侮辱されたように感じます。自分を弱いと思う感覚が根深く存在していることが、ここからもうかがえます。

わたしたちはみんなこうした現象から逃れられないため、いま見てきたような分析は自己評価に役立ちます。

はるか昔からの文化によって身についたことを短期間のうちに一掃することはできないとしても、すぐにも有害だとわかるような判断にとらわれたりせず、自分を欺いたりもしなければ、わたしたちは前進していると言えるでしょう。

わたしたちは異質な人間になったり異質な人間を見つけたりするほうへ進むのではなく、互いに手をとりあってつながり、協力していかなければなりません。とくに協力が求められる現代では、個人の虚栄心を追求している余地はもうないのです。けれど、いまのような時代には、この考えに対して特別大きな矛盾が示されます。人々が協力しようとしてもうまくいかないことが多く、結局は抑え込まれたり哀れまれたりしてしまうからです。

わたしたちの時代は虚栄心をとくに危険な存在にしているように見えます。ですから、せめていくらかましな形を見つけ、少なくとも社会の役に立つところで虚栄心を満たすようにしなければなりません。

病弱な女性の企み

虚栄心がどのように働くかは、次の例を見るとわかるでしょう。

ある若い女性は、兄姉が何人かいる末っ子で、幼いころから甘やかされていました。とくに母親はいつも世話を焼き、女性のどんな望みもかなえていました。身体もひどく弱かった女性の要求は、こうしてとどまることなく大きくなっていきました。

ある日、女性は、病気になると周囲に対する自分の力が強まることに気づきます。そしてすぐに、病気を貴重な財産だと思うようになりました。健康な人ならもつような病気に対する嫌悪感はなくなり、ときどき具合がわるくなってもまったく嫌ではなくなりました。

そのうち、女性はいつでも病気になれる技を身につけました。とくになにか押しとおしたいことがあるときは病気になりました。けれど、女性はつねに押しとおそうとしていたので、周囲から見ればいつも病気でした。

こうした形で**病気の感覚**をもつことは非常によくある現象です。子どもも大人もそれによって力が増したように感じ、家族のトップに立って、他者を際限なく支配しようとします。

身体の弱い人の場合、こうなる可能性は恐ろしく高まります。周りが自分の健康を心配する状況を十分に味わったことがあるからこそ、この方法をとるようになるのです。その際に少し事を進めやすくすることもできます。あまり食べなくなったりするのです。これで達成できることはいくつかあります。

具合がわるそうに見えますし、周囲が料理を工夫するようになります。そのうち、いつもだれかにそばにいてほしいという思いが育っていきます。

こうした人はひとりにされることに耐えられません。自分は病気だとか、なにか危険にさらされていると伝えれば、だれかがそばにいる状況は簡単に手に入ります。これは、病気など、困難をかかえた状況に同調して、自分で自分を危険な状況に置いているだけです。

人間がどれほど**同調**できるかは、特定の状況がまるで実際に存在するかのように思わせる夢を考えればわかります。

こうした人は病気の感覚を引き起こすことに成功します。それも、うそや偽装や錯覚のない形でです。すでに見てきたとおり、状況への同調は、その状況が実在する場合と同じように作用します。

こうした人は、たとえば、まるで吐き気や危険が存在するように本当に吐いたり、不安になったりすることができます。そしてたいてい、自分がどのように実行するかも口にします。先ほどの女性は、「まるで次の瞬間には卒倒するみたいに」不安になることがあると説明しました。あまりにもはっきりと状況をイメージできるせいで本当にバランスを失い、錯覚とも仮病とも言えない人がいるのです。

こうして病気の兆候や、少なくとも神経症の症状を認めさせることができれば、他者はその人のそばにいて注意しつづけ、面倒を見るしかなくなります。

要するに、周りの共同体感覚を要求するのです。こうした病人の力は、他者の共同体感覚に基づいて作られています。

このような状況では、周囲への十分な配慮を求める共同体の原理とのあいだに、必ず矛盾が現れてきます。

彼らは周囲の幸不幸を考えることも、相手を傷つけずにすますこともできません。まして相手を手助けすることなどできません。

もしかすると、それまでの修練や教育をかき集めて、全力を傾ければできるかもしれません。あるいは、たいていの場合のように、特別に相手を心配しているように見せかけることはできるかもしれません。けれど、彼らの行動の根底にあるのは、自己愛と虚栄心でしかないのです。

先ほどの女性の場合も同じでした。女性は一見すると極端なほど家族のことを心配していました。一度だけ、母親が朝食をもってくるのが30分遅れたことがありました。女性はひどく心配して、母親になにか起きていないか、夫が起きて確かめるまで落ち着きませんでした。それまでの生活で、母親がいつも時間どおりに来ることがすっかり習慣になっていたのでしょう。

夫に対する状況も同じようなものでした。ビジネスマンである夫は顧客や取引先に合わせて行動する必要がありました。けれど、約束よりも遅く帰宅すると、妻である女性はいつも崩れるように座り込んでいて、不安で汗だくになっていたこともあるのです。つまり、どれほどひどい苦しみに耐えていたかを伝えて嘆いているのです。こうした状況では、夫も時間どおりに行動するしかありませんでした。

多くの人は、そんなことをしてもなにも得られない、たいして大きな勝利ではないと異を唱えるかもしれません。けれどこれは、**全体の小さな一部**でしかなく、人生のあらゆる関係について「頭に入れておくべきポイント」なのです。

他者の調教は、こうした形で始まり行われます。この女性は抑えがたい支配欲でいっぱいで、支配欲を満たすことで虚栄心も満たしています。さらに、自分の意志を押しとおすためにかなりの労力を費やしています。

こうしたことを考えれば、女性にとって、母親や夫に対するような態度がすでに必要不可欠になっていることが理解できます。もし女性の言葉が無条件かつ時間どおりに守られなければ、落ち着いて生きることができないのでしょう。

いっしょに暮らしていれば、時間どおりに帰宅すること以外にも対象があるので、ほかにもたくさんのことが女性の命令的な態度で決まります。女性は不安状態になってさらに命令を強めます。あまりにも心配するので、周囲が望みをかなえるしかないのです。

つまり、**心配という行為が虚栄心を満たす道具である**ことがわかります。

いつも「いいえ」を言う人

こうした態度が進んで、かなえたい対象そのものより、意志を押しとおすことのほうが重要になる場合がよくあります。これを示しているのが6歳の少女の例です。

少女は手に負えないほどわがままで、思いついたことは絶対にやり抜こうとし、どんな結果になっても自分の力を示して、他者をねじ伏せようとばかりしていました。

方法さえわかれば娘と仲よくやりたいと思う母親は、ある日、好きな料理で娘を喜ばせようとして、「これが好きだったでしょう。だからもってきたのよ」と差しだしました。すると少女はごちそうを床に投げつけ、足で踏んで叫んだのです。「でも、お母さんがもってきたからいらない。それをほしいかどうかはわたしが決めるの」。また別の日、母親がおやつにはコーヒーとミルクのどちらがいいか迷っていると、少女はドアのところに立ったまま、「お母さんがミルクにしたらコーヒーを飲むし、コーヒーにしたらミルクを飲む」と聞こえるようにつぶやいています。

この少女ははっきりと口にする子どもでした。

けれど、多くの子どもには、口に出さなくても同じようなところがあることを忘れないでください。もしかするとすべての子どもにこうした傾向がいくらかあるのかもしれません。そうして、なんの得もなくても、あるいはただ害があるだけだとしても、断固として意志を押しとおそうとするのです。

たいてい、こうした子どもは、なんらかの形で自分の意志が優遇された経験をしています。きっかけとなる出来事はいろいろあります。その結果として、周囲を手助けする大人よりも、自分の意志を押しとおす大人のほうが多くなっているのです。

多くの人は虚栄心が育ちすぎて、人になにかするように勧められると、それが社会でごく当然のことであっても、自分の幸せにつながることであっても実行できなくなっています。

彼らは人と話すときにはいつも反論できる瞬間を待っています。虚栄心によって意志があおられて、「はい」と言いたいのに「いいえ」と言ってしまう人も多くいます。

他人とつきあえない人

意志を押しとおしつづけるという行為は、本来、家庭のなかでしか成立しないこと、ときには家庭のなかでも成立しないことです。

このタイプは多くの場合、知らない人と接するときにはごく愛想のよいおとなしい様子を見せます。ただし、こうしたつきあいは長く続かず、すぐに終わります。きっと本当には求めてもいないのでしょう。

けれど、人生というのは人と人を結びつけるものなので、他者の愛情を勝ちとりはするけれど、手に入ると投げだす人がときに見られます。

このタイプはほぼ、**家族だけにつきあいを限ろうとします**。先ほどの女性もそうでした。家の外では愛想よくしていたため、女性はどこでも好かれました。けれど、外出すると必ずすぐに帰宅しました。いつも家族のもとに戻ろうとする様子はさまざまな形で示されました。集まりに出かけると頭痛がして家に帰ってきました。集まりのなかでは、家にいるときほどの絶対的な優越感をもてなかったからです。

つまり、虚栄心という人生の課題を解決できたのが家のなかだけだったので、家に戻るためのなにかが、問題になるなにかが、家の外で起こる必要があったのです。

しまいには、知らない人のなかにいると、必ず不安になって興奮状態になりました。劇場に出かけられず、たちまち通りに出ることもできなくなりました。そうした場所では、人が自分の意志に従う感覚が得られなかったのです。

彼女が求める状況は、家庭の**外**、とくに通りでは、見つかりませんでした。こうして考えると、彼女が自分の「宮廷」のお供なしに外出することをいやがった理由がわかります。そもそも理想の状況として、ずっと自分の相手をしてくれる人たちに囲まれることを彼女は望んでいたのです。

調べていくと、彼女が幼いころからこの型を身につけていたことが判明しました。女性は末っ子で、身体が弱く病気がちだったため、きょうだいよりもずっとやさしく扱われました。彼女はこの甘やかされる状況をつかんで放しませんでした。

もし彼女のやり方と相いれない人生の条件に邪魔されなければ、一生ずっと甘やかされる状況を手放さずにいたでしょう。他者の反論を許さないほど激しい心配と不安は、虚栄心の問題を解決するために彼女が誤った方法をとったことを示しています。解決法を誤ったのは、人間の共生の条件に従う気がなかったからです。

しまいには現象にひどく苦しめられ、彼女は医者にかかりました。

彼女が時間をかけて築いてきたライフプランの全体は、ゆっくりとあらわにしていく必要がありました。

乗り越えるべき抵抗が大きかったことで、医者を訪ねたにもかかわらず、心の奥底では変わる準備ができていないことが判明したのです。もしも家庭内での支配を続けられて、通りで不安状態に襲われなければ彼女は喜んだことでしょう。けれど、不安という代償なしに支配を得ることはできませんでした。

彼女には、自分で作った無意識のライフプランにとらわれていること、メリットを味わおうとしながらデメリットを恐れていることを示すことができました。

この例には、虚栄心が強くなると人生全体の重荷となり、前進が妨げられて破綻にいたることがはっきりと表れています。こうした関連は、メリットだけに目が向けられているかぎり見えてきません。そのため多くの人は、野心、もっと正確に言えば虚栄心は、単に価値のある性質だと思っています。この性格が人間をつねに満足しない状態にし、落ち着きや安眠を奪うことに気づいていないのです。

決断できない青年

もうひとつ例をあげましょう。

25歳の男性は最後の試験を受けるところでした。けれど突然、すべてに興味を失ったような状態に襲われ、試験を受けることをやめてしまいました。ひどくばつのわるい思いにとらわれた男性は、自分を軽蔑するように批判し、無能になったと考えつづけました。子どものころを思い出し、両親の無理解のせいでちゃんと成長できなかったと激しく非難しました。このような気分のなかで、人間にはそもそも価値がない、自分にとっては興味がないものだと考えてもいます。こうして彼は孤立するようになりました。

この例でも、やはり虚栄心が隠れた原動力であることが明らかになりました。

男性は虚栄心によって言い訳をし、自分を試練にさらさないようにしています。こう言えるのは、試験の直前にいろいろな考えに襲われ、**極度の緊張**と無気力が生じてなにもできなくなっているからです。けれど、すべては彼にとって大きな意味がありました。

なにもできなくても、自分に価値があるという感覚は守られたのです。自分を救う手段のある彼は、批判されずにすみました。

病気になり、暗い運命のせいで無力になったことで、自分を慰められたのです。自らを危険にさらさないこの態度には、虚栄心のもうひとつの形が認められます。能力の判定が近づいた瞬間に、虚栄心が方向を変えさせるのです。

人は失敗で失われるだろう栄光のことを考え、自分の能力を疑いはじめます。これが、決断しようとしない人の秘密です。

先ほどの男性もこのタイプでした。話を聞いていくと、彼が以前からそういう人だったことが判明しました。決断が近づくと、必ず煮えきらなくなるのです。人間の動きのラインや歩み方を研究するわたしたちにとって、これはブレーキをかけて立ち止まる行為以外の何物でもありません。

彼は第一子で、4人きょうだいの唯一の男児でした。また、大学に進学するように言われた唯一の存在で、大きな期待をかけられた家族の希望でした。父親は男性の野心を強く刺激し、どんなことでもできると言いつづけました。

その結果、たちまち男性は、他者以上の存在になることだけを目標にするようになったのです。

けれど、成長した男性は、そんなことが自分にできるだろうかと不安にとらわれていま す。虚栄心によって後ずさるしかなくなっていました。

野心と虚栄心の原則が育つと、このように事態がどんどん進んで行き詰まります。

虚栄心は、解決できないほど共同体感覚と相いれなくなり、出口を失います。

それなのに、虚栄心の強い人は子どものころから何度も共同体感覚を打ち破って、自分の道を進もうとします。まるで、空想からひとつの街の地図を作りあげて、その地図で街を歩きまわり、好き勝手に描いた場所にすべてを求める人のようです。もちろん求めるものなど見つからないので、現実に責任を転嫁します。虚栄心が強くて勝手な人の運命は、だいたいこのような道をたどります。

周囲との関係では、いつも自分の原則を強引に、または術策や罠を使うことで押しとおそうとします。ほかの人がわるいように見せかけ、間違いを指摘する機会を狙います。自分のほうが利口だったり優れていたりするのだと（せめて自分にだけでも）示せれば喜ぶのです。

一方、他者はそんな意図に気づかないまま、挑まれた闘いを受けます。

闘いはしばらく続き、虚栄心の強い人が勝つこともあれば負けることもあります。けれど、最終的にはいつも、彼らは自分のほうが優れているとか、自分が正しいと思っているのです。

これは安直な芸当です。この方法ならだれもが自分のいいように考えられます。ですから、先ほどの男性の例のように、急に勉強したり、書物の知識に接したり、実際の能力が明らかになるような試験を受けたりしなければならなくなると、自分の不完全さを意識することになるのです。

彼らのものの見方は誤っているため、状況を大きく見すぎて、まるで人生の幸福や自分の価値がまるごと危険にさらされているかのようにとらえます。どんな人であっても耐えられない緊張におちいることは避けられません。

必ず不幸になる人

ほかのどんな接触も、彼らにとっては大きく特別な出来事になります。

どう言葉を交わそうとも、彼らは自分の勝利や敗北という観点から解釈したり評価したりします。この絶え間なく続く闘いは、当然、虚栄心や野心やうぬぼれが人生のパターンになった人を次々と困難に押しやり、人生の本当の喜びを奪います。

人生の喜びというのは、人生の条件を肯定したときにだけ手に入るのです。反対に条件を拒否すると、喜びや幸せに向かう道がすべて閉ざされ、他者には満足や幸福になることが自分には与えられていないと思うようになります。

こうなると、ほかの人より上回って優れている感覚を夢見るくらいしかできないのですが、なんらかの形で実現されたと感じることはありません。

たとえ優越感を得たとしても、その評価に異を唱えたがる人が必ず現れるでしょう。これに対抗する手段はありません。自分の優越をむりやり人に認めさせることはできないのです。彼らに残るのは、自分に対する、勝手でうぬぼれていてまったく不確かな判断だけです。

こんなことにとらわれていれば、本当の成功を手に入れたり、周囲を手助けしたりすることは難しくなります。だれもなにも得られず、だれもがつねに攻撃にさらされ、被害を受けつづけます。まるで、いつも大きく優れているように見せるという根気のいる課題に没頭しているかのようです。

他者を手助けすることで**その人の価値**が正当だと認められている場合は違います。この場合、価値は自然と備わり、異が唱えられたとしても、それにはまったく威力がありません。虚栄心に左右されていないので、当人も落ち着いていられます。

決定的に違うのが**自ら**に向ける目で、自分の人格を高めることを求めつづけます。

虚栄心の強い人は、つねに期待して受けとる存在です。こうした人と、共同体感覚を育てて、「自分にはなにが差しだせるか？」という無言の問いをかかえる人を厳しい目で比べれば、大きな価値の差がすぐに見わけられます。

こうして見ていくと、はるか昔から人がはっきりと感づいていた視点、聖書の賢い言葉にも示される視点にたどりつきます。それは、**受けるより与えるほうが幸いである**というものです。

はるか昔の人類の経験を表すこの言葉の意味をじっくりと考えると、ここで言っているのは、与えることや支援することや助けることの**気持ち**であることがわかります。この気持ちによって自然と内面の均衡や調和がとれるのです。神々からの贈り物のように、与える人に自然と生じます。一方、もらうことを期待している人は、たいてい調和がとれず、満足せず、完全に幸せになるためにあとなにを達成して身につけなければならないかということばかり考えています。

他者の要求や必要に目が向けられることはなく、人の不幸を自分の幸福ととらえるので、折りあって落ち着くことを考えたりできません。勝手に作った決まりに周囲が従うことを容赦なく求め、現実と異なる幸福や思考や感情を求めます。

要するに、彼らの不満やあつかましさは、目にふれるあらゆる部分と同じくらい巨大なのです。

着飾る人

ほかにも、虚栄心がごく表面的、そしてより原始的に現れる様子が、大げさに着飾る人に見られます。めかし屋のように身を飾ることで、目を引く形で登場しようとするのです。

これは、遠い昔に人が姿を華やかに仕立てたり、現在でも原始的な民族が長い羽根を髪につけることを人生の誇りにしたりするのと似ています。つねに美しく最新の服装をすることに最高の満足を感じる人はたくさんいます。このタイプが身につける装飾品もその人物画も、彼らの虚栄心を伝えています。

ときには、実際に使えば敵をひるませるような厳しい言葉や、好戦的なシンボル、武器を身につけていることもあります。とくに男性の場合は、性的な由来のある図案だったり、いかがわしい印象を与える刺青だったりします。

こうしたものを見ると、それがたとえ恥知らずなものにすぎないとしても、わたしたちは野心的な努力や主張する意志を感じます。

これは、多くの人が厚顔無恥にふるまうことで、自分が大きくなって優れているような感覚を得るからです。

冷酷非情にふるまって、頑なな様子や近寄りがたさを見せるときに優越感を得る人もいます。

こうしたふるまいは単に見せかけのこともあり、実際は、粗野や不作法からはほど遠く、感情を動かされやすい人だったりします。

とくに男児の場合、ある種の無神経、共同体感覚に対する敵対的な態度がよく見られます。この種の虚栄心に突き動かされ、他者を苦しめる役割を喜んで演じる人に対しては、感情に訴えるという手法は最大の悪手《あくしゅ》でしょう。なぜならその手法だと、態度を硬直させるようさらに刺激するだけだからです。こうした例ではたいてい、たとえば両親などが哀願するように子どもに近づき、苦しい思いをしていると打ち明けます。

ところが、彼らは相手に寄りそうことなく、苦しみの告白からずうずうしくも優越感を得るのです。

親切すぎる人の心の奥

すでにふれたとおり、虚栄心はよく偽装します。

虚栄心が強い人が他者を支配するには、相手をとらえてつかまえておく必要があります。ですから、人が**愛想がよくて親しみやすく親切である**ことにすぐ魅了されてはいけません。

その人があくまでも闘う存在であり、ほかの人を上回って支配しようとする攻撃者であることを見誤ってはいけません。なぜなら、この闘いの第一段階は、相手を安心させ、警戒心をとかせることだからです。親しげな態度を見せる第一段階では、共同体感覚を豊富に持つ人だと信じてしまいがちです。ところが次の段階になると、誤って認識していたことがわかります。

このタイプは、人を**失望させる**とか、2つの心があるとよく言われます。けれど心はひとつだけで、最初は親切でも、それが戦闘的な態度に変わっていくのです。

最初の甘い態度は、ある種、**悪魔的に心をとらえる**ところまでいくことがあります。彼らはよく極端なほどの献身を装い、この態度だけでほぼ勝利をつかみます。ごく清らかな人間の本質を語り、行動で示しているように見せかけることができます。けれど、ほとんどは露骨に見せつけるので専門家は警戒します。

あるイタリアの犯罪心理学者はこう言っています。「人の理想の態度がある程度を超え、親切や人情が目を引くようなときは、完全に疑うべきである」。もちろんこの見解もそのまま受け入れられはしないでしょうが、理論としても実践としても根拠があるということは無視できません。

ゲーテもまた、『Venezianische Epigramme（ヴェネツィア格言詩）』のひとつでこれに近いことを述べています。

どんなに心酔した者でも30歳になれば私を十字架にかける
ひとたび世界を知ればかつてだまされた者もすれっからしになる

このタイプはふつう容易に見わけられます。人にとりいる態度は嫌がられてうとまれ、たちまち用心されます。ですから、野心のある人はこの手段をとらないほうがよいでしょう。この道を進まず、もっと素直に進んでいくほうが適しています。

わたしたちはすでに『人間の本性――人間とはいったい何か』で、精神的な誤りが生まれる状況を学んでいます。

教育の難しさは、そうした状況で、周囲に対して闘う態度をとる子どもを相手にしなければならないことにあります。教育者には、人生の論理に基づく自分の義務くらいしかわかっていませんし、わたしたちには人生の論理を子どもにも義務づける機会がありません。唯一できるのは、闘う状況を可能なかぎり防ぐことでしょう。これを防ぐには、子どもを対象として見るのではなく、本人の目線で考え、完全に対等な仲間として扱うとよいでしょう。そうすれば、子どもが圧迫や不利な扱いを感じて闘う態度をとることは少なくなります。

わたしたちの文化では、この闘う態度から、誤った野心がおのずと育っていきます。誤った野心はわたしたちの思考や行動や性格のすべてにさまざまな具合に混ざり込み、人生を困難にするきっかけを作り、ときには非常に複雑な事態や敗北、人格の崩壊を引き起こすのです。

野心家の末路

とても特徴的なのは、わたしたちが最初に人間を知る源となる童話には、虚栄心とその危険性を伝える例がたくさんあるということです。

ここでとくにふれておくべき童話があります。虚栄心が抑えようもなく発揮され、続いておのずと崩壊する様子を劇的な形で見せる童話です。それはアンデルセンの『漁師とおかみさん※訳注』です。漁師がつかまえた魚を放してやると、魚がお礼に願いごとをかなえると言いました。そして、その言葉どおりになりました。ところが、野心の強い妻は満足せず、貴族になりたい、次は女王がいいと望み、しまいには神になりたいと言って、夫を何度も魚のところへ行かせました。最後の願いごとに憤慨した魚は、元の境遇に戻して見捨てました。

野心は限りなく増していきます。

興味深いことに、童話でも、現実でも、虚栄心の強い人の過熱した内面でも、力の追求が強まると、**神という理想**に向かう様子が観察されます。長々と研究しなくてもわかるように、こうした人は（とくに重症なケースです）まるで自分が神か、神の立場にあるかのように露骨にふるまうか、神であればかなえられるような願いや目標をかかげます。**神のような存在になろうとする**この現象は、人格の限界を超えようとする傾向の最たる面です。

現代ではまさにこの面が非常によく見られます。**交霊術**や**テレパシー**に集まる熱意や関心は、人々が与えられた限界を超えて、人間にはない力を得ようとする姿、ときには時間と空間を超えて死者の霊とつながったりすることで時間を否定する姿を示しています。

より深く見ていけば、大部分の人に、少なくとも神の近くに居場所を確保しようとする傾向が見つかります。教育の理想として、人間を神のような存在にすることをかかげる学校はいまもたくさんあります。かつてこれを目指したのは宗教でした。

それがなにをもたらしたかを振りかえると身震いせずにはいられませんし、もっと地に足の着いた理想を探さなければならないことがわかります。けれど、この傾向が人間に強く根ざしていることも理解できるのです。

心理学的な理由はさておき、ここでも大きな役割を果たしているのが、多くの人が人間の本質に関する最初の理解を、人は**「神の似姿」**として造られたという聖書の言葉から得ていることです。これは子どもの精神に強烈な印象を残し、多くは深刻な影響を与えます。聖書はもちろん偉大な作品で、成長して理解できるようになれば感嘆して読むことができる書物です。けれど子どもにも読ませるならば、せめていくらか説明して、謙虚であること、どんな魔法の力も期待しないこと、神の似姿として造られたと言われているからといって優越を求めないことを学ばせる必要があります。

これと似ていて非常によく見られるものに、あらゆる願いがかなう**楽園**の理想がありま す。

そんなおとぎ話のような世界が実在すると、子どもが考えることはまずないでしょう。けれど、子どもが**魔法**に大きな興味をもつことに目を向ければ、少なくともこうした方向の考えにはまり込んでしまうのはたしかです。

魔法を使うという考え、魔法をかけるように他者に影響を与えるという考えは強く支持されていて、多くの場合、年をとっても失われません。

ある点では、だれもがこうした考えをもちつづけているかもしれません。それは、女性が男性に及ぼす魔法のような影響についての考えや感覚です。女性に魔法をかけられたようにふるまう人はいまもよくいます。

　このことからは、いまよりもずっと広くこの考えが信じられ、ごく無意味なきっかけから女性が魔女と見られる危機におちいった時代が思い出されます。この出来事はヨーロッパ中に悪夢のようにのしかかり、なかば国の運命を左右しました。多くの女性が狂気の犠牲になったことを考えると、単に些細な逸脱だったなどと言うことはできません。宗教裁判や世界大戦にも匹敵する出来事だったのです。

　神のような存在になろうとする行為を追っていくと、**宗教的な欲求を満たしながら**単に虚栄心を満足させているという現象にも出くわします。

　たとえば、精神的につまずいた人にとって、他者を超えて神と結びついて対話をすることがどれほど重大なことか考えてみてください。

　彼らは敬虔に行動して祈ることで自分の求めるほうに神の意志を向けられると感じ、神と語りあうことでそのそばに行けると感じるのです。こうした現象は本当の信仰心と呼ばれるものからは遠く、病的な印象を与えることがあります。

　たとえば、お祈りをしてからでないと寝られないと話す人がいたりします。お祈りをしないと、遠くにいるだれかに不幸が起こると言うのです。これは言葉を裏返してみれば、大それたことを言っているのだとわかります。つまり、自分が祈りをささげれば、なにも起こらないということです。

この方法を使えば、自分の魔法の威力を容易に感じられます。

なぜなら、ある時点までは周囲の不幸を実際に防ぐことができるからです。彼らの白昼夢にも、人間の限度を超える様子が見られます。そこで露呈する中身のない手段や行為は、物事の本質を変えることはできず、空想のなかだけでなにかを達成し、人が現実と交わるのを妨げます。

※訳注　この話はアンデルセンではなく、グリムやベヒシュタインの童話集に収められています。

お金を求める人

わたしたちの文化には、いつもではないにしろ、魔法の力をふるっていると感じられるものがあります。それは**お金**です。

お金があればなんでもできると言う人はたくさんいますから、野心や虚栄心がなんらかの形でお金や財産と関わっていても不思議ではありません。所有を求める絶え間のない努力が、病気や人種に起因すると考えられるのも理解できます。けれど、この努力も虚栄心でしかなく、お金という魔法の力でなにかを手に入れ、自分を偉いと感じるために、つねにもっとお金を集める方向に働くのです。

ある裕福な男性で、すでに十分もっているのにさらにお金を求めた人がいます。彼は最初は動揺しましたが、最後には「そうなのです、お金は人を次から次へと引き寄せる力なのです」と認めました。彼はこのことを知っていましたが、多くの人はわかっていないようです。

力をもつことは、現在、お金や財産と強く結びついています。当然のように富や所有を追求しているせいで、お金を求める多くの人が虚栄心に駆りたてられていることにまったく気づけなくなっています。

買春する少年の心の奥

最後に、細かなすべての点をもう一度示してくれる例をあげましょう。同時にこれは、虚栄心が大きな役割を演じるもうひとつの現象を理解させてくれます。その現象とは、**非行**に走る状態です。

2人きょうだいのケースで、弟は出来がよくないとされ、姉は非常に能力があると評判でした。姉と競うことに耐えられなくなった弟は、競争を放棄しました。弟はずっと不利な扱いを受けていたので、周囲が困難をとり除こうとしても、出来がわるく**見える**という大きな重荷が消えることはありませんでした。

弟は幼いころから、姉は楽に人生の困難を克服できるけれど、彼は世の中のどうでもいいことしかできないと教え込まれていたのです。

姉が有利な立場にいることで不十分な存在だと思わされてきましたが、それはまったく事実ではありませんでした。この大きな重荷をかかえたまま学校に行くようになった彼は、悲観的な傾向のある子どもが進む道をたどり、自分の能力のなさを明らかにすることは絶対に避けようとしました。

大きくなるにしたがって、おろかな少年ではなく大人として扱われたいという思いも強くなりました。14歳のころにはもう、くりかえし大人の集まりに交じっています。根深い劣等感は彼にとって永遠に消えない刺激であり、絶えず彼を駆りたて、どうすれば立派な男を演じられるかを考えさせつづけました。

ある日、彼は買春の世界に接し、その後も通いました。買春にはお金がかかりましたが、大人扱いされたい彼は父親にお金を求めることには耐えられず、折を見ては父親のお金を盗むようになりました。彼は盗むことにまったく痛みを感じませんでした。自分は父親の金庫を自由にできる立派な男だと思ったと語っています。

この状態はしばらく続きましたが、そんなとき学校で深刻な危機にさらされます。もし落第するようなことがあれば、能力のなさが証明されてしまうのですが、彼はそれを絶対に許すことができませんでした。

そのとき起こった現象は次のようなものです。彼は急に**良心の呵責**を感じ、非常に苦しんで、まったく勉強ができなくなりました。これによって彼の状況はよくなりました。もし落第したとしても、こんな良心の呵責に苦しめられていればだれでも落第すると、自分にも周囲にも言い訳ができたからです。

勉強するときには注意散漫になり、絶えず別のことを考えずにはいられませんでした。昼間はこうして過ぎ、夜になると、勉強したいと思いながらも疲れて眠りに落ちました。けれど実際は、課題のことなどまったく気にしていなかったのです。

別の現象も彼が自分の立場を貫くのを助けました。彼は早めに起きずにはいられませんでした。そのせいで一日中眠くて疲れていて、集中などできませんでした。

こんな状態の人間は有能な姉と競うように要求されないだろうと思ったのです。彼がこうなったのは能力がなかったからではなく、後悔や良心の呵責といった致命的な付随状況があって安らげなかったからです。そもそも彼はあらゆる場合に備え、あらゆる面から自分を守っていたので、なにも起こりようがありませんでした。うまくいかない場合には大目に見てもらえる事情があり、だれも彼が無能だと主張することはできませんでした。うまくいった場合には、だれも認めようとしない彼の能力を単に証明しただけでした。

虚栄心は人をこのように脱線させます。

この例では、実在しない思い込みの無能を知られないためだけに、非行に走る危険にまでおちいることがわかります。野心や虚栄心はこうして人生をもつれさせ、誤らせ、のびやかさを人から奪い、本当の人間的な楽しみや生きる喜びや幸せをとりあげます。よく見れば、そこに隠れているのは、よくある誤った認識なのです。

嫉妬深い人

よく見られる性格に嫉妬があります。

これは、恋愛関係だけでなく、あらゆる人間関係における嫉妬を意味します。

とくに子どものころには、きょうだいを上回るために、野心とともに嫉妬心をはぐくみ、敵対的で戦闘的な態度を見せます。不利に扱われているという感覚からは、別の形の野心が育って嫉妬となり、一生ずっと消えないこともよくあります。

3人を殺した8歳の少女

子どもには必ずと言っていいほど嫉妬心があります。とくに、弟や妹が生まれ、両親の注目がそちらに向くと、上の子は王座から転落したような気持ちになります。

なかでも、居心地のよい愛情に包まれていた子どもは嫉妬心をいだきやすいものです。嫉妬をかかえた子どもがどうなるかは、ある少女の例が示しています。

少女は8歳にして3件の殺人を犯しました。

少女はやや成長の遅れた子どもで、その弱さからどんな手伝いもせずにすみ、かなり有利な状況にいました。この状況は、6歳のときに妹が生まれると急変します。少女はまったく人が変わったようになり、妹を激しく憎んで責めたてました。困りはてた両親は少女に厳しく接して、わるいことをしているのをわからせようとしました。

そんなある日、村の近くを流れる小川で、幼い女の子が死んでいるのが発見されます。間を置かずに別の女の子が亡くなり、ついには少女がまたもや幼い女の子を小川に突き落とした瞬間が目撃されました。少女は自分の犯行を認め、観察のために精神病院に送られ、最後には少年院に移送されました。

この例では、少女の嫉妬は妹から、血のつながりがない年下の女児に移っています。注意を引くのは、男児には敵対的な感情をいだかなかったことです。

まるで、殺した女の子たちに妹の姿を見て、彼女たちを殺すことで、自分の受ける不利な扱いの恨みを晴らそうとしているようでした。

きょうだい間の競争がもたらすもの

性別の異なるきょうだいがいる場合、嫉妬心はもっと容易に呼び起こされます。知ってのとおり、わたしたちの文化は女児にとってあまり好ましいものではありません。男児のほうが喜んで迎えられ、丁重に愛情深く扱われ、さらに、女児が自分には与えられないと感じるさまざまな優遇を受けているとき（この状況はよく見られます）、女児は不満を感じやすくなります。

もちろん、こうした関係から必ずしも激しい敵対心が生まれるわけではありません。上の子が妹や弟に夢中になって、母親のように世話をすることもあります。けれど、この2つのケースが心理学的に異なるとは限りません。姉が母親の立場になる場合、やはりそれは優越した立場であり、姉は思いどおりにとりしきることができます。危険な状況から価値のあるなにかを作りだすことに成功しているのです。

同じように嫉妬を感じやすい関係でよくあるのが、きょうだい間の過剰な競争です。

女児は不利な扱いを受けていると感じて刺激され、絶えず前へと駆りたてられるので、懸命になって兄や弟を大きく超えていくことがよくあります。その際、女児にはしばしば自然が有利に働きます。

思春期の女児は、身体も精神も男児よりずっと早く成長するのです。この差はのちにだんだんと埋められていきます。

嫉妬は変化に富んだ形で現れます。

不信をいだく、様子を探る、推しはかるように見つめるといった特徴や、自分が我慢させられるのではないかとつねに恐れる様子で嫉妬心があることがわかります。どの形が強くなるかは、共生に対するそれまでの準備に左右されます。

自分を消耗させる嫉妬の場合もあれば、無謀で勢い込んだ行動に行きつく嫉妬の場合もあります。ライバルをけなそうとして場の雰囲気を壊したり、相手を支配するために束縛して自由を制限したりすることもあります。

人との関係に嫉妬をもち込んで、相手になんらかのルールを課すのは、とてもよく使われる手法です。たとえば、相手に恋愛のルールを押しつけるとき、外でのつきあいを許さないとき、視線の向け方や行動、つまり思考全体のあり方を押しつけるとき、人はこの独自の精神のラインを進んでいるのです。

相手をけなして非難するといった目的のために嫉妬が利用されることもあります。とはいえ、すべては相手から意志の自由を奪って縛りあげるための手段なのです。ドストエフスキーの小説『ネートチカ・ネズワーノワ』には、この関係が見事に描かれています。小説では、男がこの手段を使って、妻を一生ずっと抑圧して苦しめ、支配しつづけています。

つまり嫉妬は、特別な形の力の追求なのです。

ねたみという感情

力や優越を追求していると、人はくりかえしねたみという性格に向かいます。

過大な目標とのあいだにどれほど距離があるかは、すでにふれたとおり、劣等感という形で現れます。遠い目標は人を抑圧し、そのことばかりを考えさせるので、まだまだ目標に届かないという印象が態度や生き方から伝わります。

こうした人は自己評価が低く不満をいだいているため、相手が自分に対してどのような態度をとるか、他者がなにをなしとげたかを絶えず測り比べて、自分は我慢させられていると感じるようになります。

これは、他者よりも多くを手にしている場合でも起こります。我慢させられているという感覚がどんな形ででも現れれば、隠された満たされない虚栄心や、もっともっとと求める思い、すべてを望む思いを示しているということです。こうした人がすべてをほしいと口に出すことはないでしょう。やはり共同体感覚があることで、そうした考えを押しとどめられているのです。けれど、彼らはすべてがほしいようにふるまいます。

絶えず測り比べることで生じるねたみの感情が、幸せの可能性を助長する方向に働かないのは理解できることです。

けれど、共同体感覚によってだれもがねたみを不快に感じようと、ねたみがふつうどれだけ嫌がられるものであろうと、なにかしらのねたみを感じない人は少ないでしょう。だれもねたみからは自由になれないことをわたしたちは認めなければなりません。

人生が安定して進んでいるときには、ねたみがはっきりとは現れないこともあります。でも、抑圧されて苦しんでいると感じるとき、お金や食べ物、服、温かい環境を欠いていると思うとき、将来の見通しが狭まり、抑圧された状況からの出口が見えないとき、人間がねたみを感じるのは無理のないことです。

現在のように、まだ文化の始まりにいる人類は、たとえ道徳や宗教に禁じられてもねたみを感じるのです。そう考えると、もたざる者のねたみも理解できます。

もたない状況のなかでねたみを感じない人もいることが証明されることがあったとしたら、ねたみは理解できないものになります。

ここからわかるのは、人間の現在の精神構造には、ねたみという要素を計算に入れないといけないということです。あまりにも制約が大きいと、個人でも集団でもねたみに火がつくことは避けられません。けれど、不快な形で現れるねたみを認められないと思っていても、火のついたねたみと、そこに結びつくことの多い憎しみを切り捨てる手段を、わたしたちはそもそも知らないのです。この社会に暮らすわたしたちに前もってできることは、ねたみの感情をいたずらに誘発しないこと、確実に予期されるねたみの現象を呼び起こしたり強めたりしないよう十分な思いやりをもつことです。

これでは改善にはいたりませんが、他者に対してむやみに優越を見せつけないことは、人に求められる最低限の配慮です。優越を見せつければ人を傷つける可能性があるのです。

ねたみという特徴のなかには、個人と全体の引き離せないつながりが見てとれます。共同体から飛びぬけて、自分の力を他者に披露すると、必ず反対に自分の試みを妨げようとする力が生まれてきます。

ねたみによって、人間の対等や同等を求める行動や対策が引き起こされるのです。こうしてそれぞれの立場に同調するように考えれば、どこかが傷つくと、必ず別のところですぐに反動が起こる人間社会の原理に近づけます。つまり、**人間であればだれもが対等であるという原理**です。

ねたみの現れる様子は、表情、とくに目つきを見ればすぐにわかります。

ねたみは生理学的にも表現され、その様子はある種の慣用句にも見られます。ドイツ語では黄色いねたみ（激しい）、青ざめたねたみ（露骨）と言い、ねたみの感情が血液循環に影響することが示されています。器官としては、表層の血管の収縮ということです。

教育の面で言うと、ねたみを世界からとり除けないのであれば、せめて社会のために利用し、精神に大きなショックを与えることなくなにかを生みだす方向へ進めるように努力しなければなりません。これは個人にも集団にも言えることです。

個人の人生では、ねたみを感じる子どもに、自意識を高める行動を伝える必要があります。集団の人生では、不利な扱いを受けていると感じる人々に、場合によってはなにも生まないねたみをかかえて別の集団の幸福が高まる様子を眺める人々に、彼らが働かせていない力を発揮する道を示して実現させるということが必要になります。

一生ずっとねたみに包まれている人は、共生に対してなにも生みません。彼らは他者からなにかを奪い、どこかしら我慢させて邪魔をするという願望をつねに示します。自分がなしとげられていないことに対して言い訳をし、他者のせいにする傾向があります。

闘って場の雰囲気を壊す人物像を演じ、他者とよい関係を築くことに関心が少ない人、他者との共生に自分を役立たせる準備のない人になります。ほかの人の精神に同調する努力をしないため、人間をあまり知らず、勝手に判断して人を傷つけます。彼らの行動で人が苦しんでも気にしません。

ねたみのせいで、周囲の人が苦しむことに一種の満足を感じることすらあります。

吝嗇《りんしょく》家

ねたみと関係が近くて、結びついていることが多いのは吝嗇です。

ここで言うのは、お金をため込むことに限定したけちではなく、他者を喜ばせる気にならず、全体や個人への献身を惜しみ、わずかな富を確保するために周囲に壁を築くといった全般的な性向のことです。

吝嗇は一方で野心や虚栄心とつながり、もう一方でねたみとつながっていることがすぐにわかります。このすべての特徴がひとりの人間に同時に存在すると言ってもよいでしょう。ですから、このうちの特徴のひとつを確認しただけで、ほかの特徴もあると言うのは心を読んだことになりません。

現在の文化に暮らす人間も、吝嗇という性格を少なくとも痕跡として示しています。ひどく気前よくふるまって吝嗇を覆い隠すことくらいはするのです。気前のよいふるまいも、もしかしたら**恩を与えている**だけで、気前よく見せることで他者を踏み台にして、自分に価値があるという感覚を高めているのでしょう。

場合によっては、ある種の人生に吝嗇が適用されると価値のある性質のように見えることもあります。たとえば、時間や労力を惜しみ、それによってときには偉業を達成する場合です。現在の学問や道徳の方向として、時間を惜しむことこそが重視され、だれもが時間と労力（と労働者）を「経済的」に扱うことが求められています。これは理論上とてもすばらしく思えます。

けれど、この原理が実践されている様子を見れば、単に力と優越という目標がのさばっているることがわかります。理論で得られたこの原理はたいてい誤用されるだけで、時間と労力を惜しむ人が、そこにまつわる負担を他者に押しつけるようになります。

けれど、わたしたちがこの種の理論を測って評価できるのは、それがどのくらい社会の役に立っているかということを考えたときだけです。

技術が発展した現代では、人を機械のように扱い、生きる方針を押しつけます。技術の面ではある程度正しいのかもしれませんが、人間の共生については、荒廃や孤独、また周囲に我慢を強いることに向かいます。

ですから、狭量になるよりも与えるようにしていくのです。これは、人が周囲の利益を考えるときに、曲げてはならず、誤用することは許されないし、できない原理なのです。

戦闘的な人

戦闘的な態度の人には、憎しみという特徴がよく見られます。

すでに子どものころに現れることも多い憎しみの感情は、ときに強烈に高まり、怒りの爆発となるか、ややおだやかな形で**長く続く**こともあります。どちらになるかで、人の態度ははっきりと特徴づけられます。どの程度の憎しみをもつかを知ることは、その人を判断するために大いに役立ちます。感情は人にそれぞれ特徴的な色づけをします。

憎しみの向かう先はさまざまです。

人が直面する課題のこともあれば、個々の人、国民や階級、異性や人種だったりします。

憎しみはいつも直線的かつ明白に現れるわけでなく、ときにはうまく隠れていることを忘れてはいけません。たとえば、**批判的な態度**というよりたくみな形をとることもあります。憎しみが使い果たされて、あらゆるつながりが拒否されることもあります。どのような憎しみを感じているかが、ときには雷に打たれたように判明します。

従軍から解放された患者は、多数の死傷者や恐ろしい身体損傷のニュースを読むとどれほどうれしいか語りました。

こうした現象の多くは、**犯罪**の領域で見られます。けれど、程度を弱めた憎しみは社会で大きな役割を果たすことがあり、感情を害したり反感を起こしたりしないですむ形で現れます。

かなり強い憎しみの感情を伝える**人間嫌悪**という形についても同じことが言えます。

哲学の見解のなかには、人間に対する敵意や憎しみが荒れ狂っているために、粗野であからさまに敵意のある残酷行為がともなうことがときおり見られます。偉人の伝記には、ときに覆い隠されている部分があるものです。たとえば劇作家のグリルパルツァーはかつて、文学には人間の残酷さがしっかりと具現されていると語っています。この言葉には確固とした真実が表されていますが、それよりも、有益な創作をなしとげるなら人間と親しい存在でなければならない芸術家のなかに、まだ憎しみや残酷といった感情が存在し得ることを考える必要があります。

憎しみの感情は多様に枝わかれしていきます。ここではそれを追いません。人間に対する憎しみとひとつひとつの性格の関連をすべてあげることはあまりにも果てしないことだからです。

ある程度の敵意がなければ特定の職業を選ぼうとしないことは容易に証明できます。けれどこれは、ある程度の敵意がなければその仕事ができないという主張と同じではありません。反対です。人間を敵視する傾向のある人が、軍職などのこうした職業に就こうと決めた瞬間、全体が整えられ、職業が具現化され、職業と他者がつながっていくことで、すべての敵対的な感情が向きを変え、対外的に共同体に適応していくのです。

不注意な人の心の闇

敵対的な感情の下にうまく隠れている現象が、**不注意**に人や貴重品を扱って害を与える行為です。

行為者は共同体感覚が求める配慮をまったく無視しています。法学ではこの問題について広く議論され、いまも決着していません。ちょっとした違反や過失行為を犯罪のように評価するべきではないことは自明のことです。ですから、たとえば、ちょっとぶつかれば通行人の頭の上に落ちてしまうようなところに植木鉢を置くことと、通行人の頭に投げつけることは同じではありません。

けれど、不注意な人の行動の根底には、犯罪と同じ敵意がしばしばあることを見落としてはいけません。単に不注意な行動も、人間を理解する手がかりになるのです。

法学では、情状酌量として、行為者に**意識的な**意図はなかったことを認めます。けれど、無意識の敵意がある行動の根底には、意識的な悪意がある行動と同じくらいの毒気があり得ることは間違いありません。どちらの場合でも、行為者には共同体感覚の不足が示されています。

子どもたちが遊んでいるところを観察すると、周りの子にあまり配慮していない子どもが必ず何人か見つかります。彼らがともに生きる仲間としてあまりよい存在でないという推論はおそらく正しいでしょうが、別のところからもこの推論が証明されるまでは待つべきです。それでも、こうした子どもが加わるたびになにかわるいことが起こるのならば、その子は他者に気を使えず、周囲の幸不幸を考える習慣がないと言うしかありません。

この点で大いに注目すべきは、わたしたちの**経済生活**です。経済生活には、不注意を敵意と認める傾向はそれほどありません。なぜなら、経済生活でよく見られる行動は、わたしたちが望ましいと考える周囲への配慮をみじんも示さないからです。

配慮しない人が他者に不利益を与えることをはっきりと示す手段や事業はたくさんあります。たとえその根底に意識的な悪意があったとしても、罰せられることはふつうありません。とはいえ、不注意の場合と同じように、少なくとも共同体感覚に欠けているのですから、わたしたちの共生には有害です。

善意があるかもしれない人も、こうした状況ではできるだけ自分を守るしかないと思い込んでいるのです。

ここでよく見逃されるのは、こうした個人の防御も他者に対する侵害と結びついているということです。わたしたちがこれらの事実や問題に確信を得たのはまさにここ何年かのことです。

この現象に注目するのはとても有益です。共同体感覚があることで自明で正しいと思ってきた要求を、こうした状況で満たすことがどれだけ難しいかがわかるからです。経済生活でも、全体の幸福を支援する協力を、現在の多くの場合のように困難にするのではなく、楽になるように抜け道を見つけることが必要になるでしょう。これはときに自然に起こります。集団の精神がつねに働いて、できるかぎりの防御をするからです。

けれど、心理学もこの現象に併走しなければなりません。そして、経済的な関連を理解するだけでなく、そこで働く精神器官の意図も理解し、個人や集団にそもそもなにが要求できるのか、そこでなにが予期されるのかを知っていく必要があります。

不注意は、家庭や学校、人生のなかに蔓延しています。どんな形の人生のなかにも見受けられます。くりかえしどこかで周囲を思いやらない人がのさばってきます。もちろんこれが罰せられないままでいることはありません。

傍若無人な人の行動は、本人が喜べない結果にたいていい向かいます。ときにはあまりにも時間がかかって（神の臼はゆっくりと、しかし確実にひかれる）、もう関連がつかめなくなることもあります。本人が関連に気づかず、把握できる範囲を離れていて、理解できないのです。不当な運命に対する嘆きは大きくなり、状況の責任を他者に負わせます。その人の勝手ぶりに耐えてきた人々は、しばらくして善意の努力を放棄し、離れていきます。

不注意な行動はときに仕方のないことのように見えますが、よく観察すると、他者に対する敵意にあふれていることがわかります。

たとえば、スピードの出しすぎで人をひいた運転手は、どうしても守るべき約束があったと弁解したりします。このような態度でわかるのは、他者の幸不幸よりも個人的で些細な要求を重視するあまり、他者に生じる危険を無視する人がいるということだけです。

個人の要求と全体の幸福の差異を見ると、どのくらいの敵意があるかがはっきりと見極められます。

3

支配したい人、されたい人の心理

孤立する人

この性格のグループに属するのは、周囲に対する敵対的な攻撃がまっすぐ明確なラインにそって進むのではなく、**敵意のある孤立**という印象を外部に与える現象すべてです。

これは、まるで敵意が大きく曲がって進み、遠回りをしているような状態です。こうした場合に見られる人間像は、人に危害を加えることはないものの、人生からも人間からも後ずさり、どんなつながりも避け、孤立して他者への協力を拒むものになります。

ところが、人間の課題の大部分は協力しあうことでしか解決しないため、真っ向から共同体を攻撃して傷つけ、共同体の維持に必要な貢献をしない人と同じような敵意が、孤立する人にもあると考えられるのです。

この観察領域はとても広大ですから、目立った現象をいくつかくわしく検討していきます。最初は次の点から考察しましょう。

る代弁者の言うことにしか、人が耳を貸さないところにあります。

もし先の世界大戦やその後の顛末のような不幸な出来事が起これば、自分はそこに加担していなかったと言います。

このタイプは、不安をかかえて優越と孤立を追い求め、他者を犠牲にして実現させようとします。

内にこもったところに、こうした個人の運命と全世界があります。前進して文化の進歩を助けることに適していないことは明らかです。

不安に駆られる人

周囲への敵対的な態度には、人間の性格に特別な色づけをする不安という特徴が見られることが少なくありません。

不安はひどく広まっている現象で、ごく幼いころからたいていは高齢になるまで人につきまとい、人生をやたらとつらくさせます。人とつながって、平穏な人生や実りのある成果の土台を得ることも難しくします。なぜなら、不安は人生のあらゆる関係に及ぶからです。

人は外界を恐れることもあれば、自分の内面の世界を恐れることもあります。社会を恐れて避けるように、ひとりでいることも避けたりします。

不安になりがちな人も、やはり自分のことばかり考えて、周囲にあまり関心をもたないタイプなのです。

もしこのタイプが人生の困難から逃げるという考え方を身につければ、不安に襲われることで逃げることしか考えられなくなります。

実際、なにかに着手しようとするときに、最初に必ず不安を感じるという人がいます。家を出たり同行者と別れたりするときであろうと、就職するときであろうと、恋愛が始まるときであろうと、最初に不安を感じます。人生や周囲と少ししかつながっていないので、慣れた状況のどんな変化も恐ろしいのです。

こうなると、彼らの人格やなしとげる力は成長を妨げられたままになります。

すぐに震えたり逃げだしたりするわけではないでしょうが、進む足どりは遅くなり、なにかにつけて口実や言い訳を探します。ときには、新しい状況に圧迫されて不安な態度が生じたことにまったく気づいていなかったりします。

死を考える人

面白いことに（まるでこの見解を証明するように）、このタイプは過去や死についてよく考えます。過去も死もおおよそ同じ働きをします。

過去を考える行為は、自分を「圧迫」するための、目立たないがゆえに好まれる手段です。死や病気に対する恐怖も、なにもしないための言い訳を探す人によく見られます。

すべてはむなしい、人生はあまりにも短い、なにが起こるかわからないなどと主張することもあります。同じような働きをするのが、**死後の世界に希望をいだかせる宗教の慰め**です。本当の目標は死んだ先にあるように見せ、地上にいることはきわめて不要な努力、人の成長で価値のない期間だと思わせます。

ですから、過去や死を考えるタイプが野心のせいで自分に試練を課せず、あらゆることを回避するのであれば、死後に希望をいだくタイプが求める神も同じで、他者に対する優越を目標とし、生きにくくなる野心をかかえていると読みとけます。

暗闇を怖がる子ども

彼らが最初に示すもっとも原始的な形の不安は、ひとりにされるたびに不安の合図を発する子どもに見られます。

けれど、こうした子どもの欲求はだれかが来ても満たされず、人がそばに来たことをさらに次の目的に利用します。たとえば、そばに来た母親が離れれば、明らかに不安を示して呼び戻します。つまり、母親がいるか否かではなにも変わらなかったということです。子どもの欲求が目指しているのは、母親に世話をさせ、意のままにすることなのです。こうした現象は、ふつう、子どもに自立の道を探させていないこと、大人の誤った対応によって、他者をつかまえて仕えさせればよいと教えていることを示します。

子どもの不安がどのように表されるかはよく知られています。

なかでも不安がはっきり示されるのは、夜中に電気が消されたりして、外界やお気に入りの人とつながりにくくなるときです。このとき不安であげる叫びは、いわば夜に引き裂かれたつながりをとり戻すものです。

だれかが慌ててやって来ると、先ほど記したような状態になります。子どもは次々と望みを述べて、明かりをつけろ、そばにいろ、いっしょに遊べなどと要求するのです。言うことを聞いているあいだは、不安が消えたような状態でいます。けれど、この支配関係が終わりそうになるとたちまち不安が立ち現れ、子どもの支配はいっそう強まります。

ひとりで外出できない大人

大人の人生にもこうした現象はあります。ひとりで外出したがらないケースです。このタイプは通りでよく見られるのですが、不安そうに身を縮めてきょろきょろしてその場から動かなかったり、まるでわるい敵から逃げるように通りを走っていったりします。こちらに来て助けてほしいと人に頼むことまであります。彼らは身体が弱くて病気なわけではなく、ふだんはきちんと歩けて、たいていの人よりも健康に恵まれていることが多いのですが、ちょっとした困難に直面するとすぐに不安の発作に襲われます。ときには、家を出るともう安心できなくなり、不安にとらわれます。この**広場恐怖症**の現れ方が興味深いのは、彼らの精神のなかで、なにかに敵意をもたれて追われているという感覚がけっして静まらないことです。

自分は人とはどこかが違うと、彼らは思っています。ときにはこの考えが、空想のなかで落下などの形になって表現されます。これはつまり、自分が高いところにいると感じているということでしかありません。

病気の症状や不安の発作のなかでは、やはり力や優越という目標が揺れ動いているのです。

ここでも人生が圧迫され、悲しい運命が威嚇するように近づいていることがわかります。なぜなら、多くの人にとって不安とは、自分の世話をする人がいないとやっていけないということを意味するからです。

だれかが部屋から出られなくなったときには、とにかく不安が強くなっています。みんなは自分のところへ来るべきだけれど、自分は行かなくてよいという規則を相手に課すことで、彼らは他者を支配する王になります。

人間の不安を止められるのは、個人を共同体に結びつける絆だけです。

自分が他者に属していることに気づいている人だけが、不安をかかえることなく人生を進んでいけます。

興味深い例をもうひとつ、1918年のオーストリア革命の時期からあげましょう。

何人かの患者が、行きたくても診察に行けないと急に言うようになりました。理由を聞くと、だいたい次のような答えが返ってきました。「いまは物騒な時期で、どんな人間に出くわすかわからない。ちょっといい服装をしていれば、すぐ不快な目に遭うかもしれない」。

当時の不安はもちろん大きいものでした。けれど、なぜ何人かの人だけがこのような結論を出したのかは奇妙な感じがします。

彼らはどうしてそんなことを考えたのでしょうか。これは偶然ではなく、彼らが他者とつながっていないために不安を感じていたせいです。一方、他者とつながっていると思う人は不安を感じず、ふだんどおり仕事をしていました。

無害ながらも注目すべき不安の形が**引っ込み思案**です。

これについても不安と同じことが言えます。子どもが置かれる関係がたとえまだたわいないものであっても、引っ込み思案な性格によって他者との接触が避けられたり断たれたりしがちになります。

また、子どもの内面では劣等感と特異感がざわめき、人とつながる喜びを邪魔します。

気弱な人

気弱という性格を示すのは、目の前の課題を特別に難しいと感じ、課題の克服に必要な力が自分にあると信じられない人です。

この性格はゆっくりとした前進という形をとって現れ、人生の課題とその人との距離はなかなか縮まりません。まったく変わらないこともあります。

これには、なんらかの人生の課題に近づこうとしていた人が急にまったく課題から離れていくケースがあります。

たとえば、就こうとしていた仕事が自分に少しも向いていないと急に思うのです。仕事の嫌な面ばかりを探して、その職業に就くことが本当にあり得ないと思えるように論理をねじ曲げます。

つまり、気弱の現れ方には、ゆっくりした動きのほかにも、安全を確保する策や準備などがあるのです。ここには同時に、課題をなしとげないことに対する責任を転嫁する目的があります。

広く見られるこの現象の一連の問題を、個人心理学では**距離の問題**と呼んでいます。

わたしたちがまとめあげた見解を使うと、人の態度をしっかりと判断し、人生の3つの大きな課題の解決からどれだけ距離をとっているかが測れます。この課題のひとつは、社会の課題です。わたしとあなたの関係であり、おおよそ正しい形で自分と他者とのつながりを作れているのかどうかということです。

もうひとつの人生の課題は仕事の課題で、あとのひとつは性や愛や結婚の課題です。3つの課題の解決がどれほどうまくいっていないか、解決に対してどのくらい**距離**をとっているかで、その人の個性や人格を推論できます。また、こうした現象から、人間を知るためのなにかを得ることができます。

気弱のケースで明らかになる主な特徴は、自分と課題のあいだにやや大きな距離をとっているということです。

先ほど例にあげた状況をよく見ると、出来事そのものにはわるい面のほかによい面もあることがわかります。その人はよい面だけを理由に自分の態度を選んだと考えられます。

つまり、準備しないまま課題に近づけば、大目に見てもらえる事情があり、自意識と個人の虚栄心は揺らがずにいられるのです。状況はずっと安全になり、下に網が張ってあるのを知っている綱渡りのように動けます。もし落ちてもやわらかく落ちる、つまり、準備しないまま課題に着手してうまくいかなくても、自分に価値があるという感覚は危険にさらされないのです。いろいろ理由があってあまりできなかった、もうどうしようもなかった、始めるのが遅すぎた、そうでなければ見事にやりとげたのにと言うことができます。自分がわるいのでなく、自分には責任のない些細な事情のせいになるのです。けれどももしうまくいけば、成功の価値は大いに増します。

人が一生懸命に課題にとり組んだ場合、もしうまくいってもだれも特別だとは思いません。それは当然のことになります。

ところが、始めるのが遅かったり、少ししか手をつけなかったり、まったく準備しないままで課題を解決すれば（こうしたことはあり得ます）、まったく違う状況になります。ふつうは両手が必要なことを片手でやりとげたその人は、いわば二重の意味で英雄になるのです。

つまり、これが回避という行動のよい面です。

こうした態度は人の野心と虚栄心を明るみに出し、その人が少なくとも自分に対して自分を誇示しているという事実を示します。すべては自分に特別な力があると見せかけるために、**のちにプラスにならない**形で行われます。

このように見ることで、目の前の課題を回避し、自分で困難を作りあげ、そこに寄りつかない、あるいはおずおずとしか寄っていかない人が理解できます。

彼らが課題を避ける回り道には、人生の特殊な性質として目を引く怠惰、無感動、仕事を替える（「くら替え」）、非行に走るなどがあります。こうした態度が外見にまで現れ、くねくねと歩いてどんなときでも蛇のように進む人もいます。これはきっと偶然ではなく、こうした人には解決すべき重要な課題を回避する傾向があると（いくらか用心しながらも）判断できるのです。

野心家の父をもつ男

これをはっきりと示す実際のケースがあります。

ひどく機嫌がわるく、人生に嫌気がさし、死にたいと思う男性のケースです。

男性にはもうなにも楽しいことがなく、全身の態度で人生に希望を捨てていることを伝えていました。話を聞くと、3人きょうだいの長男で、父親が非常に野心的で人生をまっしぐらに進み、かなり出世した人だと判明しました。

患者は父親のお気に入りで、父親のようになれと言われていました。母親は早くに亡くなっています。継母とはうまくやっていましたが、これも父親から強くひいきされていたおかげかもしれません。

第一子である男性は、権力を熱烈に崇拝していました。彼に見られるすべてのことには、帝国主義を思わせる特徴がありました。

学校ではすぐにクラスの一番に躍りでました。

学校を終えると父親の仕事を継ぎ、周囲に対して恵みを施すようにふるまいました。いつも友好的に話し、従業員からも感じよく受けとられ、たっぷりと給料を払い、願いごとにも応じていました。

そんな彼の様子に、1918年のオーストリア革命以降、変化が起きます。彼は従業員の反抗的な態度にどれほど手を焼いていることかと嘆きつづけました。従業員は以前はお願いして手に入れていたものを、要求するようになったのです。

彼の失望は強まり、仕事をやめることを考えだしました。

つまり、自分の課題において、直面する前に避けたのです。それまで彼は親切な雇い主でした。

けれど、自分の力関係が傷つけられるとすぐに対応できなくなり、彼の世界観は工場の経営全体だけでなく、なによりも彼自身に害があることが明らかになりました。自分がみんなの主人であるとそれほど野心的に示そうとしなければ、こうした点でわずらわされることはなかったでしょう。ところが男性にとっては、自分の力を見せつけることだけが重要だったのです。関係が理詰めで進められたために力を見せつけることが難しくなり、彼は仕事そのものを楽しめなくなっていました。

彼の後ずさる傾向は、反抗的な従業員に対する攻撃であり、非難だったのです。

虚栄心をかかえた男性は、ある程度までしか成功できませんでした。

状況のなかに突然現れた矛盾は、まず彼自身を攻撃しました。彼の思う原則がもう通用しないことが明らかになったのです。偏った成長をしたことで、方向を変えて別の原則を働かせるという選択肢がありませんでした。

力と優越を唯一の目標にしていたために成長できず、そのせいで虚栄心という特徴が極端に大きくなっていたのです。

男性のそれ以外の部分を見ると、社会的なつながりを欠いていたことがわかります。力と優越を原則とする彼は、自身の優越を認め、言うことを聞く人だけを周りに集めていました。手厳しい批判屋で、頭もわるくなかったので、的確であしざまなコメントを発することもありました。

この態度で知人は離れ、本当の友人はずっといませんでした。

こうして人との接触で得られなかったものを、あらゆる種類の娯楽で埋め合わせていました。

支配したい男と女

そんな彼が本当に失敗したのが、愛と結婚の課題です。

そこで課せられた運命は、前もって予測できるようなものでした。

愛というのはもっとも親密な結びつきなので、個人の支配欲ともっとも相いれないものです。けれど、支配者になりたい彼は、結婚相手の選択でもこの点を配慮しなければなりませんでした。

支配と優越を求めるタイプが選ぶのは、弱くはない、征服することが勝利と思えるような相手です。同じタイプの人同士がいっしょになれば、その2人の生活は激しい闘いの連続になります。彼が選んだ女性も、多くの点で彼よりも支配欲の強い人でした。2人は自分の原則に忠実に従って支配を得るために、さまざまな手を尽くしました。当然ながら何度も仲たがいしましたが、完全に別れることはできませんでした。このタイプはくりかえし勝利を願うせいで、戦場からなかなか離れられないのです。

男性からは、そのころに見た夢の話も聞いています。使用人のような姿の少女と話すのですが、工場の会計係にとても似ていたという夢です。彼は（夢のなかで）こう言っています。「わたしは貴族の家柄の出なのだよ」。

この夢にどのような思考プロセスが反映しているか、理解するのは難しくありません。それは、どのように人を見下しているかということです。彼にとっては、だれもがまず使用人に見え、教養がなく劣っているように思えるのです。女性であれば、よりそう感じます。彼が妻と格闘していることを思い返すと、夢に出てきた少女の向こうに妻が隠れていると仮定するのは自然なことです。

こう考えると、だれも彼を理解しておらず、彼自身もまったく自分を理解していません。

並外れた高慢さで意味のない目標を見つめているからです。周囲から距離をとっているのは、自分は崇高だという思いあがりです。その一方で、他者に一切の価値を認めずにいます。

これは、友情も愛情も入る余地のない人生観、態度です。

政治を論じる人

この種の回避を正当化するためにもちだされる理屈はとても特殊です。たいていは正しくて当然のように聞こえる理屈なのですが、別の状況でなら通じるもので、目の前の状況には当てはまらないのです。

たとえば、人によっては人づきあいをしなければいけないと思って、飲み屋などに通ったりします。そこで飲んだりカードゲームをしたりして時間をつぶし、こうして友人知人を増やさなければと思い込みます。すると、家に帰るのが遅くなり、朝には眠くてぼんやりし、人づきあいをする必要があるのだから仕方ないなどと言い訳をするのです。その際に自分の課題に近づいているなら、まだ受け入れられるでしょう。けれど、人づきあいはしているものの課題に近づくわけでもなく、急にまったく方向を変えているのならば、たとえ正しい理屈を述べていてももちろん間違っているのです。

ほかにも、人によっては（職業の選択に直面した若者に多いのですが）、急に政治を論じるようになることもあります。たしかに政治は重要なことです。けれど、自分や他者をだまして、職業を選択したり将来の仕事の準備をしたりする代わりに政治を論じることしかしないのは、適切ではありません。

逃亡する人

この男性の例からはっきりわかることは、わたしたちにまっすぐな道を踏み外させるのは客観的な経験ではなく、**個人のもののとらえ方**、事実を検討して評価する方法だということです。

ここには人間の誤った認識という大きな領域が見えてきます。このようなケースでは、すでに誤った状態とこれから誤る可能性が連鎖しています。わたしたちは、こうした人の理屈や人生の計画そのものに介入することで誤った認識を把握し、本人に教えることで打ち捨てていかなければなりません。

これは教育によってさらに強化されます。教育とは、誤った認識をとり除くことなのです。けれどそのためには、誤った認識によって成長につまずくと悲劇的な結果になり得るという関連を知っておく必要があります。

わたしたちはいにしえの民族の知恵を、驚嘆と尽きることのない賞賛をもって眺めずにはいられません。復讐の女神ネメシス※訳注のことを語った彼らは、この関連を知っていたか、少なくとも感づいていました。誤った成長がつねに示すように、人間が社会の要求と利益に向かって前進せずに、個人の力を崇拝する方向へ進もうとすると、当然のように自らを傷つけることになります。

この方向では、人は他者の利害を無視し、つねに失敗を恐れながら、回り道して目標に向かうことを強いられます。特別な目的と意味をもつ神経症的な症状も、たいてい現れます。症状によって人はなんらかの行動をとることを押しとどめられます。破綻が近いこの状況では、どんな行動にも大きな危険が結びついていると、経験が伝えるからです。

共同体には逃亡者のための場所はありません。

共同体で求められるのは、ある程度の従順さや適応、協力して他者を助ける能力であって、ほかの人を上回るために支配権を得ることではありません。

この見解が正しいことは、多くの人が自分や周囲の例で見てきています。他者を上回ろうとする人がだれかに会いに行き、感じよくふるまってうまくやることはあるでしょう。けれど、力の追求に妨げられて、打ちとけることはできません。相手も気を許さないでしょう。彼らはおとなしくテーブルについたまま、喜んで感動する様子は見せず、つきあいを深めることもしません。大きな集まりでの会話よりも、少人数での会話を好みます。

彼らの特色はちょっとしたことにも現れます。たとえば、みんなにとってどうでもよいことでも、自分が正しいと認められたがるのです。その際、主張の根拠は基本的になんでもよく、相手が間違えていると見せようとします。あるいは、課題を回避するときに不可解な現象を見せます。

理由はわからないが疲れる、急いでも進まない、眠れない、力が出ない、とさまざまな不平を言います。要するに、正当な理由のない訴えがいくつも出てくるのです。

一見すると病人のようで、**神経過敏**です。

けれど実際は、こうした現象は本当の事態から自分の注意をそらすためのずる賢い手段なのです。このような手段が選ばれるのは偶然ではありません。たとえば、人が不安になって夜という自然現象に逆らうとき、そこにどのような反抗心が隠れているかを考えれば、この世の人生にしっかりと結びついた人ではないことがわかります。

彼らの態度の根底にあるのは、夜をなくすということでしかないからです。

彼らはそれを正常な人生に順応する条件として要求します。ところが、達成できない条件であるため、質《たち》のわるい意図も同時に露見するのです。彼らはなんでも否定する人なのです。

この種の神経過敏な現象は、彼らが課題に直面してひるみ、大目に見られる事情を示してのろのろと手をつけたり、課題から逃れるために言い訳を探したりすることで生じます。同時に、社会を維持するのに必要な課題からも逃げだし、まずは近くの人々を、もっと大きな関係ではすべての人々を傷つけています。

わたしたちがもっと人間を知っていたら、こんなことはとっくになくなっていたでしょう。そして、共生という社会の当然のルールを攻撃すると、ずっと時間がたったあとにどんな悲劇的な運命が生まれるのか、その恐ろしい因果関係を見すえられていたら、こんなことはなくなっていたでしょう。

時の流れは力強く、無数の複雑な事情が加わるので、そこから学んで他者に伝えるためにこうした関連をくわしく定義することはほぼできません。

人生のライン全体をほどいて、深く入り込んだときにやっと関連が見えてきて、どこで誤りが作られたのかについて語ることができるのです。

※訳注　高慢など、人間の思いあがりに罰を下したとされる。

行儀がわるい人

わたしたちが**行儀がわるい**と感じる特徴をとくに表す人がいます。

爪をかむことがやめられない人、突き動かされるようにやたらと鼻をほじる人、また、抑えられない情熱を感じさせるほどがつがつと食事をする人などです。

こうした現象になにか意味があることは、飢えたオオカミのように食事に向かい、強烈な欲求を満たすためには支障も恥も感じない人を見ればすぐわかります。彼らはすすったりかんだり音を立てます。大きなひとくちが、まるで深淵に消えるようにほとんどかまずに飲み込まれます。同じように驚異的なのが食べつくす速さです。外面的な形だけでなく、食事の量や回数も目を引きます。なにかを食べていないところが思い浮かばない人もいると言えるくらいです。

もうひとつの行儀のわるいタイプは、目立った**不潔さ**によって示されます。これは仕事の忙しい人に見られる手抜きでも、重労働の人にときおり見られるだらしなさでもありません。

このタイプはふつう重労働はしておらず、仕事から遠ざかっていることもよくあります。それでも見た目がだらしなく不潔なのです。そこにはなにかわざとらしさ、つまり簡単にはまねできないいやらしさと乱雑さがあります。このタイプの大きな特徴になっているので、もしきれいな格好をしていたらその人だと気づかないでしょう。

こうした現れ方は、行儀のわるい人を外面的に特徴づけています。

そこからは、きちんと協力せず、他者のなかで際立ちたいというサインが伝わってきます。

なにかしらの悪癖のある人からは、周囲にあまり関心がないという印象を受けます。わたしたちを驚かせるのは、その現象ではなく、悪癖のほとんどは子ども時代に始まっているという事実です。完全にまっすぐ育つ子どもというのはほとんどいません。わたしたちの注意はむしろ、悪癖を捨てきれない人がいるという状況に引きつけられます。

　現象の原因を探求していくと、周囲や課題に対して多少なりとも拒絶する態度に突きあたります。

　彼らはそもそも、人生から距離をとりたい人、協力を拒む人なのです。

　こう考えると、どうして道徳的な説明では悪癖を捨てられないのかということも理解できます。人生を拒絶する態度をとるならば、爪をかんだりしてもおかしくないのです。回避するのにこれ以上よい方法はありません。

　社会から離れていたい人には、襟の汚いシャツや破れた上着を身につけて現れる以上に効果的な手段はありません。他者からの注目や批判や競争に押さえ込まれる仕事に就くことをこれほど防いでくれる手段が、愛や結婚から完全に逃げるのをこれほど助けてくれる手段がほかにあるでしょうか。

　こうして自ら競争を降り、悪癖をよりどころにして、都合のよい言い訳まで手に入れています。

「こんな悪癖がなければなんでもできるのに。でも自分にはこんな悪癖がある」と言い訳をするのです。

夜尿症で苦しむ22歳の女性

こうした悪癖が自分を守ることにどう適しているのか、周囲に対する支配関係を作るためにどのように使われるのか、例をあげて示しましょう。

22歳の女性は夜尿症で苦しんでいました。女性は下から2番目の子どもで、身体が弱かったために母親から手厚く世話をされ、母親にべったりと甘えていました。その一方で、昼も夜も母親を束縛しています。これは夜尿症以外にも、不安状態になったり夜中に叫び声をあげたりするせいでした。

きょうだいよりも母親をそばにいさせることができたのは、最初はたしかに彼女にとっての勝利であり、彼女の虚栄心を慰めました。

女性にはほかにも、学校や友人や近所づきあいのような別の関係は求めないという特徴がありました。

家を出ようとするときにはとくに不安な様子を示し、大きくなって夜に買い物をしなければならない機会が増えてからも夜道は苦痛でした。いつも疲れきって不安でいっぱいになって帰り、こんなに怖い目にあったと話しました。

もうわかるとおり、すべての現象は、つねに母親のそばにいられるように準備を整えていたことを示しています。

けれど、経済的な状況からそういうわけにはいかなかったので、収入を得ることを考えなければなりませんでした。とうとう彼女は働きに出されました。ところが、2日後にはもう持病の夜尿症が現れ、職場の人たちを激高させて、彼女は解雇されてしまいました。

この病気の本当の意味を知らない母親は、激しく責めました。すると彼女は自殺を図り入院しました。すっかり希望を失った母親は、もうそばから離れないと誓っています。

つまり、夜尿症、夜とひとりへの不安、自殺未遂という3つの現象は、同じ目標に向けられています。

いわば「お母さんのそばにいなければいけない」「お母さんがずっと気をつけてくれていないといけない」といったことをわたしたちに伝えているのです。

このように悪癖には深い根拠に基づいた意味があります。一方では、悪癖の意味によって人を判断できるということ、もう一方では、こうした誤りを除けるのは人を**全体として**理解したときだけだということがわかります。

だいたいのところ、子どもの悪癖は、周囲の注意を引き、特別な役割を演じ、大人に自分の弱さと無力さを示すことを目指しています。

こうなると、大人は、子どもより強い存在である自分が有利になる方法がわかりません。

よく見られる悪癖の意味も同じで、知らない人が来たりすれば、目立った形、たいていは好ましくない形で表面化します。ふだんはきわめて行儀のよい子どもが、見知らぬ客が入ってきた途端、悪魔にとりつかれたようになることがあります。

子どもは注目を得ようとして、次々に手を尽くし、十分目的が達成したと思えるまで続けます。

こうした子どもが大きくなると、悪癖を使って社会の要求から逃れたり、妨害したりする傾向が必ず現れます。

こうした現象の陰には支配欲と虚栄心が隠れていますが、現れ方が特殊なので気づかれずにいることがたびたびあります。

4

性格は どう現れるのか

ほがらかな性格の人

すでに指摘したとおり、共同体感覚の成長度は、他者を助け、支援し、喜ばせる準備がどのくらいできているかを調べていけば容易に測れます。

この喜ばせる能力は外見にも現れるので、人にかなりのメリットをもたらします。こうした人はすぐに人に近づきますし、純粋な感情としてわたしたちも彼らのことを好感のもてる人だと思います。まったく直感的に、彼らの特徴を共同体感覚の現れとして感じるのです。こうした人はほがらかな性格で、重苦しく不安そうに歩いたりも、自分の心配ごとで他者をわずらわせたりもしません。

人といるときにはほがらかさを発揮し、人生を美しくて生きる価値のあるものにします。彼らの善良さは、行動、人への近づき方、話し方、他者の利益を認めて力になる様子だけでなく、外見的な全体の様子、表情、身ぶり、喜びの感情、**笑い方**にも感じられます。

人間の心理を深く見つめるドストエフスキーは、時間のかかる心理学の検査より、笑い方を見ればその人がよくわかると語っています。笑いには人をつなぐニュアンスもあれば、

他者の不幸を喜ぶ気持ちのような敵対的で攻撃的なトーンもあるからです。そもそも笑うことができず、人と人とがより深くつながることから距離をとって、喜びを運んだりほがらかな雰囲気を作ったりする気がない人さえいます。

人を喜ばせることに向いていないどころか、どんな状況でも他者の人生をつらくして、すべての光を消して回ろうとしているとしか思えない人も少なくありません。こうした人はまったく笑えないか、ただむりやり笑って人生の喜びを**見せかけ**ます。

こう考えると、ある種の顔がどうして**共感**を呼び起こすのかがわかります。それは、喜びを運ぶ人という印象を与えるからです。共感と反感という感情の謎も明らかになり、理解できるようになります。

ほがらかなタイプと反対なのが、平和を乱す者とでも呼べそうな人、絶えず世界は苦界だと示そうとする人、苦痛のなかにもぐり込む人です。

この無謀な行為はどんどん進み、驚くべきことに本人も意識的に行うようになります。最初の対象は自分です。絶えず巨大な重荷を背負っているかのように人生を進もうとします。どんな小さな困難も誇張し、将来を悲観的にしか見ず、どんな喜びの場面でも不吉な予言しか告げません。

自分だけでなく他者に対しても徹底して悲観的で、どこか周囲にうれしいことがあると落ち着かなくなり、どんな人間関係にも人生の暗い面をもち込もうとします。言葉で行うだけでなく、行動や要求をとおして周囲の幸せな人生や成長を妨げるのです。

型にはまる人

多くの人の考え方や言い回しは、ときに無視できないほど型にはまった印象を与えることがあります。

こうした人の思考や発話は「拷問靴に締めあげられて」います。よくある型で考えて、話してばかりいるため、どのように語るか前もってわかるくらいです。こうした言い回しは、表面的な新聞記事や粗悪な小説に見られます。たいして美しくない花束のようにありきたりのものです。たとえば、「白黒つける」「油をしぼる」「涙がかれる」といった表現や、種々の外来語などが使われます。

この種の言い回しも、人を理解するのを助けます。なぜなら、用いるべきではない、用いてはいけない考え方や決まり文句があるからです。

そこには劣悪な型の陳腐さが感じられ、言った本人もぎょっとすることがあります。

ですから、やたらと格言などを並べ、思考や発言に引用を使うのは、他者の判断や批判にあまり同調しないことを示しています。こうした話し方から逃れられず、停滞している人はたくさんいます。

優等生

まるで成長の一点で立ち止まり、学校に通っていた時代を抜けだせていないような印象を与える人は非常に多くいます。

家庭や人生、人づきあい、職場のなかで、つねに生徒のようにふるまい、まるで手を挙げて発言するときみたいに耳をそばだてて待ちかまえているのです。その場で出た問いにすばやく答えられるようにいつでも努力し、自分も知っていると我先に示してよい点をもらおうとする様子を見せます。

彼らは本質的に、人生が特定の形をとっているときにだけ安心を感じ、学校にいたころのパターンを使えない状況におちいると落ち着かなくなります。

このタイプも程度によってさまざまな違いを示します。あまり好ましくないケースでは、そっけなく醒めていてつきあいにくそうなこともあれば、なんでも知っている博学な存在や、すべてを規則に当てはめる存在を演じたがることもあります。

融通が利かない人

必ずしも生徒的でなくてもその気配のある人は、人生の現象をなんらかの原則にすべて押し込み、どんな状況でも一度決めた原則には従って行動し、絶対に変えようとしません。すべてがいつもどおり正しく進んでいかなければ落ち着きません。彼らは融通が利かない人でもあります。

あまりにも不安なせいで、果てしない人生をいくつかのルールに押し込もうとしているように見えます。そうでなければ先へ進めず怖いのです。

彼らは事前にルールがわかっているときにしか協力できません。ルールのない状況に直面すると逃げだします。よく把握できない状況になると、傷ついて機嫌をわるくします。

この手法を使えば大いに力をふるえることは明らかです。**社会と合わない自分の決まり**

を押しとおした無数の例を考えてみましょう。彼らが抑えられない支配欲と虚栄心をかかえ込んでいることがわかるはずです。

たとえ彼らが勤勉に働いていても、融通が利かずそっけないことは変わりません。多くの場合、これは彼らが自発的に行動することを邪魔し、四角四面な存在にし、一風変わった特徴をもたせます。

いつも道の端を歩く、特定の石を探して踏むといった習慣を身につける人もいれば、ふだんとは違う道を歩こうとしない人もいます。

このタイプはみんな、人生がどれだけ広大なのかに関心がありません。そのため、やたらと時間を浪費し、自分や周囲に対して不満をいだくところがあります。慣れていない新しい状況に踏みだすことになると、まったく動けなくなります。その準備ができていないし、ルールや、なんでもかなえる魔法の言葉がなければやっていけないと信じているのです。ですから、できるだけ変化を避けようとします。

こうした人にとっては、季節が春に変わることですらつらいことです。冬に合わせてずっと調整してきたからです。暖かくなって外へ出る機会が増え、人づきあいも増えてくると、彼らはおびえて調子がわるくなります。春になると決まって体調を崩すと訴えます。

状況の変化にうまく適応できない彼らは、自発的に動くことを強く求められない場にしか現れません。本人が変わらないかぎりこの状況は続きます。つねに考えるべきは、これは生まれつきの性質でも変えられない現象でもなく、人生に対する誤った態度だということです。この態度が強力に心をとらえて、全身に行きわたっているので、自分で振りほどけなくなっているのです。

服従したがる人

同じように自発性を求められることに向いていないタイプは、一種の**使用人気質**をかかえている人で、命じられる場でのみ落ち着きを感じます。

使用人にあるのは決まりとルールだけです。このタイプは仕える立場になりたがります。これは人生のごくさまざまな関係で見られ、外面的な態度にも現れます。こうした人はふだんからやや前かがみの姿勢をとり、気づくと背中が丸まっています。

他者の言葉にいつも注意を払っていますが、聞いたことを考えるためではなく、同意して相手の思うとおりに動くためです。つねに服従を示すことを大事にしているのです。この傾向はときに信じられないほど強まります。

心から喜んで服従する人もいます。これをもって、**上**に立ちたがる人に理想を求めているとは言えません。

けれど、服従**だけ**が課題の本当の解決だと思う人生のわるい面は示されています。

押さえつけられた女性たち

こう考えると、服従が人生の掟になっているような人がひどく多いことに気づきます。ここで言っているのは、使用人などの職業の人ではなく女性のことです。女性は服従すべきというのは、明文化されていなくてもだれもが知る決まりで、いまも多数の人が信条のようにしがみついています。女性は服従するためだけに存在すると信じているのです。ふつうに考えれば、女性は上に立つことを求めるはずなのです。

人間のすべての関係はこの考えで毒され破壊されているにもかかわらず、それは一掃できない迷信のようにいまも存在し、女性のなかにまで信奉者がたくさんいて、永遠の法の下に置かれているように信じ込んでいます。

ところが、この考えがだれかの得になったケースはまだありません。それどころか、女性がこれほど服従していなければ、すべてはもっとずっとうまくいったと訴える声がくりかえしあがっているのです。

淡々と服従に耐えられる精神などないにしても、次の短いケースのように、こうした女性はすさんで依存的になっていきます。

彼女は地位のある男性の妻で、2人は恋愛結婚でした。けれど、女性は先ほどの信条を頑なに守り、夫もその信条を信じていました。時間がたつとともに彼女は完全な機械になり、義務と奉仕をくりかえしました。自主的な動きはすべて消えました。この態度に慣れていた周囲はたいして腹立ちを覚えることもありませんでしたが、それも事態を悪化させました。このケースが大きな困難に発展しなかったのは、単に比較的地位の高い家庭で起きたことだったからです。

けれど、大部分の人が女性の服従を当然の運命と見ていることを考慮すると、そこに衝突の種が大量にあることがわかります。夫が女性の服従を当然だと思っているならば、夫が腹を立てる場面は何度でもあるのです。なぜかと言うと、そんな服従など実際にはあり得ないからです。

ときどき女性には、服従の精神がふんだんなために、支配欲が強かったり乱暴だったりする男性を求める人がいます。

こうした不自然な関係は、すぐに大きな衝突に向かいます。このとき、まるで彼女たちが女性の服従を茶化し、どんなにくだらないか証明しようとしているような印象を受けることがあります。

こうした困難から抜けだす方法を、わたしたちはすでに知っています。

男女の共生は、だれも服従しない仲間の関係、協力の関係でなければなりません。現在はそれがまだ理想であっても、人がどのくらい文化的に進んでいるか、まだどのくらい理想と離れているか、どこで誤りを犯すかを測るものさしにはなってくれます。

対等になれない男と女

服従の問題は、男女の関係において、男性に解決できない多くの困難を起こして苦しめるだけではありません。国民としての人生でも大きな役割を演じるのです。

かつて古代では、経済の面でも支配関係の面でもすべてが**奴隷制**の上に築かれていました。もしかすると現代人の大部分は奴隷階級の出身かもしれません。激しく対立した2つの階級が生きた数百年が過ぎ、いまでもいくつかの国では階級による偏見が原則として通用しています。こうしたことを考えれば、服従の原則とその要求がいまも人の心に息づいて、ひとつのタイプを作ることは理解できます。

古代の考えでは、労働はかなり恥ずべきこととして奴隷が行う仕事でした。主人が労働で汚れることはあってはならず、また、主人はただ命令を出すだけでなく、あらゆる優れた性質をもつ者とされていました。

支配階級は「最良の者」でできていたのです。ギリシャ語の「aristos」にはこの両方の意味があります。貴族制《aristokratia》は最良の者が行う支配でした。けれど、それはもちろん権力手段によって決められただけで、徳や長所が調べられたりはしませんでした。調べられて等級にわけられたのは、奴隷、つまり仕える立場の人くらいです。しかし最良の者とは、権力をふるう人々でした。

人間の本質である支配と服従の共存は、現代にいたるまで人の考え方に影響を与えています。人間同士を近づけようとする現代では、この考えはあらゆる意味と意義を失っています。

偉大な思想家ニーチェでさえ、最良の者の支配とそれ以外の者の服従を求めたことを思い出してください。人間を服従者と支配者にわける考えを頭から払い落とし、お互いを完全に対等だと感じることはいまだに困難です。

けれど、こうした視点をもつだけでも進歩していると言えます。この視点はわたしたちを助け、重大な誤りを防いでくれます。

なぜなら、あまりにも卑屈になったために、とるに足らないことに感謝して喜び、自分がこの世にいることを謝りつづける人もいるからです。

その際、当然ながら、彼らがこの態度を問題なく受け入れていると思ってはいけません。

彼らはたいていかなり不幸だと感じています。

思いあがった人

いま述べたのと反対のタイプは、思いあがっていて、つねに一番の役割を演じたがる人です。彼らにとって人生は、「どうすれば他者を上回れるか?」という永遠の問いにほかなりません。

この役割には人生でさまざまな誤りがついてまわります。敵対的な攻撃と活動が多すぎなければ、ある程度、一番の役割を手に入れることはできます。

彼らは命令が必要なところや、指揮や統制に関わるところで見つかります。このような場所で、彼らはほぼ自然と上の立場につきます。

国民が激動におちいる乱世には、こうした人が現れます。彼らが上層部にあがる人物であるのはそもそも当たり前のことです。必要なしぐさ、態度、強い思いをもっていて、必要となる準備と思慮もたいていは備えているからです。家庭でもいつも命令して育ち、自分が御者や車掌や将軍になれない遊びは気に入らない子どもでした。

なかには、別の人が指揮するとすぐに能力が落ちたり、出された命令を実行する立場になると興奮状態におちいったりする人もいます。協力の準備がもう少しできているような人であれば、指導者の役を独占するまではしません。

彼らは平穏なときでも、仕事や集会などで、なにかしら小さいグループのトップにいます。強引に前に出るのでいつも目立ち、威勢のいいことを言います。共生のルールをひどく乱さないかぎりそう問題はないのですが、現在、彼らが受けている過剰な評価についていは適切とは言えません。なぜならこのタイプもまた断崖のふちに立つ人であり、人の列に並ばず、最良の協力者ではないからです。非常に緊張して落ち着かず、大きなことでも小さなことでもつねに自分の優越を示そうとします。

気分屋な人

人生や課題に対する態度が気分に左右されるタイプについて、生まれつきの現象だと言う心理学は間違っています。このタイプは非常に野心が強いので、過敏な性格のグループに属し、人生に不満を感じてさまざまな抜け道を探します。彼らの**過敏さ**は突きでた触角のようなもので、態度を決める前に、それを使って人生の状況を調べています。

人によっては陽気な気分を保って、それをかなり誇示して強調しながら人生の明るい面を手に入れ、喜びと陽気で人生に必要な土台を作りだそうとします。あらゆる程度の違いはここでも見られます。なかには、つねに**子どもっぽい陽気な態度**を示して、無邪気な方法で楽しいなにかを手に入れる人、課題を避けるのではなく、遊びか芸術のような形で始めて片づける人がいます。美しさと感じのよい態度が彼らほど優れているタイプはないかもしれません。

けれどこのタイプには、人生を陽気に見すぎる人もいます。かなり真剣にとらえるべき状況でも陽気にふるまい、幼稚な様子を示し、人生の真剣さから縁遠いせいでよくない印象を与えるのです。こうした人がなにかにとり組むところを見た人は不安な気持ちになります。困難をあまりにも安易に切り抜けようとするので、信頼できない感じがするのです。この印象のせいで、たとえ彼ら自身が課題を避けていなくても（避けることはまずないのですが）、人は彼らを難しい課題から遠ざけます。彼らが本当に難しい課題に向かうことはほとんどありません。それでもこのタイプについては、最後に好意的な言葉を残さずにはいられません。

この世界に多い不機嫌な人たちとは対照的に、彼らはやはり感じがよいですし、いつも悲しげで不機嫌そうにして、目にするどんなことからも暗い面しか受けとらない人よりもつきあいやすいからです。

運のわるい人

共生という絶対の真理と相いれない人が人生のどこかで反動を受けるのは、心理学的に当然のことです。たいてい彼らはそこから学ぶことができず、不幸の全体を個人の不当な災難、自分につきまとう不運だと思います。彼らは、なにもうまくいかない、始めると必ず失敗するなどと言って、どれだけ不運をかかえているかを確かめて一生を過ごします。まるで得体の知れない力に目をつけられているかのように失敗を自慢することさえあります。

こうした考え方を少し検討してみると、ここでもやはり虚栄心が質《たち》のわるい動きをしていることがわかります。彼らは不吉な神が自分だけを相手にしているかのようにふるまいます。雷雨になれば、雷が**自分だけ**を狙っているとしか思えず、**わが家をターゲットにして**泥棒が来ると恐れて苦しみぬきます。要するに、人生のどんな困難に遭遇しても、まるで不幸が自分を選びだしているような印象しかもてないのです。

こうした過剰な反応は、なんらかの形で自分が出来事の中心にいるととらえる人にのみ起こります。

自分が不幸につきまとわれていると思うのはへりくだって見えることもありますが、敵意のある力が自分だけに向けられ、他者には一切向けられないというのであれば、実際は重度の虚栄心でいっぱいなのです。子どものころから暗い時間を過ごし、泥棒や殺人者などの恐ろしい存在に追われている様子を思い浮かべ、幽霊が自分を悩ませることばかりすると信じ込んでいます。

　多くの場合、彼らの気分は外面的な態度に現れます。まるでどんな重荷を背負っているかを見せつけるように、うなだれ、背中を丸めて歩くのです。その姿はずっと重荷を支えなければならない柱像のカリアティード※訳注を思わせます。彼らはなんでも過剰に深刻にとらえ、悲観的な目で判断します。こんな気分をかかえていては、なにかを始めてもすぐに失敗することも、自分だけでなく他者の人生も苦くする不運な人であることも納得がいきます。その裏に隠れているのはやはり虚栄心でしかありません。最初のケースに出てきたのと同じ、一種の高慢です。

※訳注　西洋建築で用いられる女性立像。

信仰心にすがる人

不運を嘆く人はときに宗教に後ずさることに成功します。

ここで行うことも以前と変わりません。嘆き悲しみ、親愛なる神を自分の苦痛でわずらわせつづけ、自分のことだけで神の関心を引くことしかできないのです。その際、彼らはたいてい、きわめて崇拝される神という存在はそもそも自分のためにいるのだと意識的に考えています。神が自分の責任をすべて負っている、熱心に祈りをささげたり宗教的に尽くしたりして人為的な手段をとれば神を誘い寄せることができると考えているのです。

要するに、神はほかのことはせず、彼らに呼ばれたら注意を向けなければならないということです。この種の信仰心には、恐ろしいほど不気味で異端者的な考え方が含まれ、もしかつての宗教裁判のような状態が訪れれば、彼らが最初に処刑されるだろうと言わざるを得ません。彼らが神にしていることは、彼らが他者にしていることと同じです。ただ嘆いて不平を言っているばかりで、状況をよくするために自分ではなにもしないのです。彼らはいつもほかの人にだけ行動を求めます。

これがどこまで進むかは、18歳の少女の例が示しています。

少女はおとなしく有能な子どもでした。ただしかなり野心が強く、宗教的な面でも義務を丹念に果たすという形で野心が現れていました。

ある日、少女は、十分に敬虔でなかった、教戒を犯した、何度も罪深いことを考えたと言って、**自分を責め**始めました。状態は進行して、一日中、自分を責めて過ごすようになったため、周囲は少女が正気なのか真剣に心配しました。少女に非難されるようなところは少しもなかったのです。少女はいつも部屋のすみで泣き、自分を責めつづけました。そこで聖職者が罪の重荷をとり除く方法を考えだしました。

「それは罪ではない、あなたは自由だ」と宣言するという方法です。その翌日、通りで聖職者と顔を合わせた少女は、相手に向かって「あれだけ罪深いことをしたのだから、教会に入るなんて許されない」と大声で叫びました。

このケースをさらに追究するのはやめておきましょう。ここからは、宗教という問題でも野心が力を発揮していること、人が虚栄心によって、徳と悪徳、純粋と不純、善と悪を裁いていることがわかります。

5

すぐ怒る人、泣く人の秘密

感情はなぜ爆発するのか

感情のなかでも急激に引き起こされる怒り、悲しみ、喜びなどの情動（エモーション）は、わたしたちが性格の特徴と呼んでいる現象が強まったものです。

心が一時的に動き、自分で気づくことも気づかないこともある**強い力**に押されて、爆発したように現れます。性格の特徴と同じように**目標と方向**をもっています。

説明できない謎めいた現象ではなく、意味のあるところ、人の生き方や人生のラインに合ったところに必ず現れるのです。情動も、状況を有利に変えるために変化を起こすことを目標にしています。情動で精神の動きを強化するのは、自分を押しとおすほかの選択肢をあきらめた人、もう少しよく言えば、押しとおすほかの選択肢があることを信じない人、信じられなくなった人です。

ですから、情動の一面にはやはり劣等感、不足感があります。

劣等感はあらゆる力を集め、ふだんよりも大きく精神を動かします。力をいっそう振りしぼることで、個人が人生の前面に向かい、勝利できるようになります。たとえば、敵がいなければ怒りがないように、怒りという情動も敵に対する勝利だけを目標にしています。こうして動きを強めて自分を押しとおそうとするのは、現代でもよく見られる手法です。もしこの手法に自分を認めさせる力がなければ、怒りの爆発はもっとずっと減るでしょう。

優越という目標を達成できる自信のない人は、目標をあきらめるのではなく、情動で勢いをつけて目標に近づこうとします。劣等感に刺激されて突き動かされる人はこの手法を使って力を集め、まるで未開の民族のような粗削りなやり方で、自分を認めさせる正当な権利や見せかけの権利を得ようとします。

情動も個人の性格と関係しています。

両者の関係は完全に人それぞれではなく、ある程度の法則性が多くの人に見られます。そういう状況になれば、だれもが法則性にのっとった情動を見せます。わたしたちはこれを「精神器官が**いつでも情動を差しだせるように待機している**」と言っています。これは、すべての人間的な要素と深く結びついているので、だれにでも思いあたる現象です。

ある人のことをそれなりに知れば、その人の性格に属する情動を目にしたことがなくても想像できるでしょう。

心と身体が密接につながっていることから、情動のような精神生活の決定的な現象は、身体にも影響を及ぼします。身体における情動の付随現象は、血管や呼吸器への作用です（脈拍の上昇、赤面と顔面蒼白、呼吸活動の変化）。

(1)人とのつながりを妨げる5つの情動

1．怒る人

人間の力の追求や支配欲をまさに象徴する情動が怒りです。

この表現形式は、自分に向けられる抵抗をすばやく強引にねじ伏せるという目的をはっきりと伝えています。これまで見てきたことに基づけば、怒る人には、力を強く発揮して優越を目指す姿が見てとれます。

認められたいという努力は、力の陶酔に変わることがあります。これは簡単に説明できることで、このタイプは自分に力があるという感覚が少しでも傷つけられたら、怒りを爆発させるという形で応えるのです。おそらく何度も試しているこの方法を使えば、もっとも簡単に他者を支配でき、自分の意志を押しとおせるとひそかに感じているのでしょう。

これはレベルの高い方法ではありませんが、非常に多くの場合で効果があります。困難な状況で怒りを爆発させたら自分が認められたことを思いだす人は多いでしょう。

怒りが爆発しても仕方ないと思えるケースもあります。これは本書で扱う問題ではありません。わたしたちが言っているのは、はっきりと強く前面に出てくる情動の中身であり、**習慣的に**怒りを見せる人のことです。

怒りからひとつのシステムを作りあげていて、そもそもほかの手段をもたない人がいます。これは横柄で過敏な人で、自分の横や上にだれかがいることに耐えられません。自分は優れているという感覚をつねに必要とするので、自分に近寄りすぎている人はいないか、自分は十分に高く評価されているかと、つねに様子をうかがっています。ふつうここには極度の不信感も結びつくため、だれのことも信頼しなくなります。

彼らにはほかにも、先ほど情動の一面だと書いた特徴も見つかります。やや困難なケースでは、こうしたひどく野心的な人が重大な課題を実行できずにひるみ、社会にうまく適応できないことがあります。けれど、もしなにか拒絶されたら、彼らのとる行動はひとつです。そばにいる人がつらくなるような形で大騒ぎします。

たとえば、鏡を割ったり高価な物を壊したりするのです。あとで真剣に、なにをしたかわかっていなかったなどと言い訳をしても、だれもまともに信じません。周囲にショックを与えようとする意図があまりにも明白だからです。このタイプは怒りの激情のなかでいつも高価な物をつかみ、どうでもよい物には手を出しません。そのためわたしたちは、こうした現象には**計画**が存在すると考えています。

この手法は小さい集団ではある程度通用しますが、集団を離れるとたちまち効果を失います。すると、彼らは怒りの情動によって周囲と衝突しやすくなります。

この情動の対外的な態度については、怒りという言葉を聞くだけでこうした人の姿が思い浮かびます。これは、はっきりと強く前面に現れる他者に対する敵対的な態度です。怒りの情動は共同体感覚をほぼ手放していることを示すもので、そこには力の追求があり、敵対者の徹底的な打破にまで進むことがあります。

情動のなかに性格がはっきりと現れるという点だけで言えば、この現象がもたらす問題は対処しやすく、わたしたちが人間を知る手助けになります。

そう考えると、怒る人はみんな敵対的に人生に向かう人だということになります。けれど、わたしたちの提唱するシステムを思い返すためにもう一度言うなら、どんな力の追求も、無力感や劣等感に基づいているのです。自分の力の程度に納得している人は、こうした手っとり早い動きや力ずくの手段をとりません。この関連を見逃してはいけません。

怒りの爆発には、無力感が高まって優越という目標へ向かう様子が特別にはっきりと現れます。他者を踏み台にし、不利な結果になるようにして、自分に価値があるという感覚を高めるのは安易な手段です。

怒りの爆発を起こしやすくする要素のなかで、特筆すべきは**アルコール**です。ほんの少し飲むだけで変わる人はたくさんいます。

よく知られているとおり、アルコールには文化的抑制を弱めたりなくしたりする作用があります。アルコール中毒の人はまるで文化など知らないようにふるまいます。慎みや他者への配慮をなくし、飲んでいないときはまだ抑えて隠せている周囲への敵意が、酔っぱらったときには抑えられなくなります。人生と折りあえない人がアルコールに手を出すのは偶然ではありません。彼らはそこに一種の慰めと忘却を求めながら、望んでも達成できなかったことの言い訳を探すのです。

子どもの怒りの爆発は、大人よりもずっと多く見られます。子どもを怒らせるにはちょっとしたきっかけがあれば十分です。これは、無力感が強いために、認められることを目指して進むラインがよりはっきりしているからです。子どもが怒りっぽいのは、評価を求めて闘っていること、出くわした抵抗を乗り越えられないか、少なくともとても大きいと思っていることの表れです。

怒りの爆発では、罵倒のほかに暴力行為がよく見られますが、暴力が進むと自分を傷つけることがあります。この流れは**自殺**の理解に通じています。家族などの周囲に苦しみを与えて、自分が受けた不利な扱いに復讐することを目指しているのです。

2. 悲しむ人

悲しみという感情が生じるのは、なにかを奪われたり失ったりして、簡単には立ち直れないときです。

悲しみも、よりよい状況を作るために脱力感や無力感をとり除こうとする要素を秘めています。この点では怒りの爆発と同じくらいの価値があります。ただし、生じるきっかけが異なり、態度も方法も違います。

けれど、ここでも優越に向かう同じラインが見つかります。怒りの場合、動きは**他者に**

向けられ、怒る本人には自分が高められる感覚が、他者には敗北がもたらされます。一方、悲しみの場合、まず精神の領域が狭まり、高められる感覚と満足感を本人が追求することでやはりすばやく拡大していきます。けれど、これはもとを正せば爆発でしかなく、たとえ方法は違っても、またしても周囲に向かう動きなのです。

なぜなら悲しむ人はそもそも**非難する者**で、そのせいで周囲と対立するからです。悲しみは人間の本質のなかにもちろんあるものですが、その分、過剰になると、周囲にとって敵対的で有害なものを含むことになります。

悲しむ人の場合、自分が高められる感覚は周囲の態度によって与えられます。だれかに世話を焼かれ、同情され、支えられ、なにかを与えられ、声をかけられたりすることで、悲しむ人が安らぎを得ることは知られています。泣いて嘆いて爆発すれば、攻撃するだけでなく、非難する者、裁く者、批判する者として周囲を上回ることになります。要求と懇願の特徴がはっきりと見られるのです。周囲への要求はどんどん増えていきます。悲しみは他者にとって拘束力があって逆らえず、屈するしかない主張のようなものです。

したがって、この感情が示すラインも下から上へ向かい、安定を失わないことと、自分を無力で弱いと思う感覚を埋め合わせることを目的にしています。

3. 情動的な人

情動というのは、長いこと理解できない現象でした。現在は、個人を認めさせるために劣等感を楽に克服する力を与える方法であることが明らかになっています。そのため、精神器官が状況に合わせて情動を差しだす方法は、わたしたちの精神生活でかなり広く使われています。

もし子どもが不利な扱いを受けたと怒ったり、悲しんで泣いたりすることで、自分を認めさせることができたら、わずかなきっかけでもこの態度をもちだして、得をするために情動を利用するようになるでしょう。情動を利用することは習慣になって、正常から外れた形に発展します。

のちに大人になってからは、くりかえし情動を悪用する様子が見られます。

これは価値のない有害な現象で、ただ目標を達成してなにかを押しとおすためだけに、まるで遊ぶような形で怒りや悲しみなどの感情が呼び起こされます。

こうした状態は、なにかが拒否されたり自分の支配が損なわれそうになったりすると決まって生じます。悲しみなどが名誉の称号を意味するようにしつこく大げさに表されると、反感を生みます。興味深いことに、ときには悲しみを利用して人が張りあう様子が観察されるのです。

身体における付随現象でも、同じように情動が悪用されることがあります。怒りが食道に与える影響を利用して、怒ったときに吐く人がいます。そうすることで敵意の表現がいっそう激しくなるのです。吐くことは人を断罪しおとしめることを意味します。悲しみの情動も拒食という状態で進展することがよくあり、悲しむ人の外見がしなびたように見えて、まさに「哀れな姿」を演出します。

こうした悪用が問題なのは、他者の共同体感覚に関わるからです。多くの場合、共同体感覚が示されると突発的な情動は弱まります。けれど人によっては、人の共同体感覚を自分に向けたいという欲求があまりにも強くて、悲しみなどの段階から出たがらないのです。なぜなら、多くの友情やいたわりを向けられることで、自分が大いに高められるからです。

怒りと悲しみはさまざまな程度でわたしたちの同情を引きはしますが、人を引き離す情動です。人を結びつけず、共同体感覚を傷つけて対立を引き起こします。

たしかに悲しみはのちの過程で結びつきを生みますが、正常な形で共同体感覚の「与え、与えられる」という役割に関わるのではなく、ねじれを生んで、周囲が与える側ばかりを担うことになります。

4. 不快感を使う人

人を切り離す感情は、十分ではないものの、不快感にも見られます。身体的には胃壁が特定の形で刺激されて不快感が起こります。けれど同じように、精神の領域からなにかを吐きだそうとする動きもあります。この点で、不快感には人を切り離す要素があるのです。それを証明するのが、顔を背けるようなしぐさです。しかめっ面は、周囲を断罪することや、拒否して状況を終わらせることを意味します。悪用の例では、吐き気を起こして不快な状況から逃れます。

不快感はほかの情動とは異なり、安易に使われがちです。そうやって何度も利用しているうちに、すぐに人から離れたり、人を攻撃したりするようになります。

5．不安な人

人間の人生で突出した意味をもつのが不安です。

これは、人を切り離す情動であるだけでなく、悲しみと同じように他者との特殊な関係に向かってしまうために複雑なのです。たとえば、子どもが不安になって状況から逃げ、そのときにだれかのところに駆け込むということが起きます。

しかし、不安のメカニズムは周囲に対する優越を直接示すほうに向かわず、最初は敗北を装います。ここでの態度は、自分を小さく見せる態度です。まずはこの情動がもつ、人を結びつける面が展開しますが、そこには優越の要求がひそんでいます。不安な人は、保護を求めて違う状況へ逃げ込み、危険に立ち向かう力を得て勝利するために自分を強化するのです。

わたしたちがこの情動で向きあうのは、身体に深く根づいた事象です。それはあらゆる生物の根源的な不安で、身体に反映しているのです。

とくに人間では、自分が安全でないと感じ、自然に対して弱いと思うことが不安の原因になっています。人生の困難をきちんと見ないと、子どもはひとりでは立ちいかなくなり、だれかがその子に欠けているものの世話をすることになります。

生まれてすぐ、外界から制約を与えられた瞬間に、子どもはこうした困難を感じとります。安全でない状態から逃げだそうとして失敗し、悲観的な人生観をもってしまう危険はつねにあります。そこで、周囲の助けや配慮を頼りにする性格が育つのです。

こうして用心深くなると、人生の課題から離れていきます。それでも前進する必要が出てきたりすれば、子どもは後ずさる計画をひそかに立て、つねに半分逃げる態勢をとります。こうした子どもにひときわよく見られて目立つ感情が不安です。

不安が表す動き、なかでも表情には、支配する側に回ろうとする様子が見つかります。けれど、これは直線的でも攻撃的でもありません。この現象は病的な形で悪化することがあり、多くの場合、精神の動きが非常にわかりやすく示されます。不安な人の手が他者に伸び、引き寄せてつかまえようとしている様子が明確に浮かびあがるのです。

この現象を調べていくと、不安という**性格の特徴**を検討したときに得た理解にたどりつきます。

つまり、不安な人は自分の人生を守ってくれるだれかを探し、つねにだれかにいてもらわないとならないのです。

実際のところこれは、まるで不安な人を支えるためだけに他者が存在するみたいに、支配関係を作ろうとすることでしかありません。

さらに見ていくと、自分だけ特別に世話をされることを求めて人生を歩きまわっていることがわかります。

人生と正しくつながらず、自立心を大きく欠いているために、自分ばかりが面倒を見てもらう特権を異様なほど強く要求します。人とのつきあいをどれほど求めていても、彼らにはわずかな共同体感覚しかありません。

そのため、不安の表出は、特権的な立場を得て、人生の要求を避けて、ほかの人を仕えさせることに向かいます。最後には不安は日常のあらゆる関係に根を下ろします。周囲を支配する効果的な道具になるのです。

(2)人を結びつける3つの情動

1．喜ぶ人

喜びという情動には、人を結びつける要素がはっきりと見られます。喜びは孤立と相いれません。人を求めたり抱きしめたりする喜びの表現には、協力し、わかちあい、ともに楽しむ傾向が示されています。喜びの態度も人を結びつけるもので、手をつなぎ、温かさを与え、相手も高めます。人を結びつけるすべての要素がこの情動には備わっています。

ここにも上へ向かうラインがないわけではなく、不足感から優越感へ向かう人がいます。喜びとはそもそも困難の克服の正しい表現です。喜びとともに笑いが解放として働いて、いわば最後の仕上げをします。笑いは個人の枠を超え、他者の共感を求めます。

喜びにも、人間の性格に起因する悪用の現象があります。

ある患者は、多数の被害が出たメッシーナ地震のニュースを聞いて、明らかに喜んだ様子を見せて大声で笑いだしました。よく調べていくと、患者が笑ったのは、悲しみのなかで自分が小さいという感覚を起こさせないためで、別の情動に近づいて、悲しみを追いだそうとしたからだと判明しました。

とくによく見られる悪用は、**人の不幸を喜ぶ気持ち**です。これは、不適切なところに現れ、共同体感覚を無視して傷つける情動です。人を引き離す情動であり、他者に対する優越を求めています。

2. 同情する人

同情は共同体感覚を示すもっとも純粋な表現です。人に同情心があるのを見れば、その人の共同体感覚を心配せずに落ち着いていられます。なぜなら、この情動には、周囲の状況にどのくらい感情移入できるかが示されるからです。

おそらく同情という情動そのものよりも広まっているのは、その悪用でしょう。自分を共同体感覚が強い人間に見せ、誇張する形で行われます。不幸があればいつもやってくるのに、なにもしないような人のことです。自分が来たことをただ見せて、安易に世間の名声を得ようとします。

もしくは、人の不幸を本当に喜んでかぎ回り、なかなか離れない人です。こうした熱心に善行を施す人は、その行動によって、貧しい人や哀れな人に優越するという解放感を得ようとしています。このタイプについて、人間をよく知るモラリスト文学者のラ・ロシュフコーは、こう言っています。「わたしたちにはつねに、友人の不幸に一種の満足を感じる用意がある」。

わたしたちが舞台で悲劇を見たがるのは、こうした現象のせいだと誤って考える人がいます。まるで観客が自分の立場のほうがましだと思っているかのように言うのです。けれどこれは大多数の人には当てはまらないでしょう。なぜなら、悲劇のなかで起こる出来事への関心は、自分を知って学びたいという渇望から生まれているからです。

芝居であることは頭に入れながら、わたしたちは演劇が人生に対する準備を助けてくれることを期待しているのです。

3. 顔が赤くなる人

人を結びつけもし、切り離しもする情動が羞恥心です。

これも共同体感覚が作ったもので、人間の精神世界から追い払うことはできません。人間の社会はこの感情がなければなりたたないでしょう。羞恥心が生じるのは、精神領域を侵害されて個人の存在の価値が下がったときや、だれもが自覚する尊厳からなにかが失われそうになったときです。その際、羞恥心は非常に強力に身体にも伝わっていきます。身体の末梢血管を拡張し、充血を起こし、たいてい顔が赤くなります。胸もとまで赤くなる人もいます。

対外的な態度では、周囲から離れていきます。

後ずさるしぐさと不機嫌が結びつきますが、この不機嫌はどちらかというと逃げる意思表示です。顔を背ける、目を伏せるといったしぐさは逃避の動きで、この感情のなかにある、人を切り離す要素をはっきり伝えています。

羞恥心でもやはり悪用が行われます。奇妙なほどすぐ赤くなる人がいますが、こうした人の場合、ふだんの周囲との関係でも、人を結びつける要素よりは人を切り離す要素のほうが強くなっています。彼らの赤面は、人づきあいから逃げる手段なのです。

付記
エゴイズムが心に与える影響

ここまでで話の折にしかふれられなかったテーマについて、いくつか補足しましょう。テーマは、家庭や学校や人生における教育が精神器官に与える影響です。

現代の家庭での教育が、力の追求や虚栄心の成長を大きく推し進めていることは間違いありません。だれでも自分の経験を振りかえれば思いあたることがあるでしょう。

もちろん家庭には争う余地のない利点があり、子どもが**正しく指導されるのであれば**家庭ほど手厚く面倒を見ることができる施設はないと言えます。病気のときなどは、まさに家庭が人類の維持にもっとも適していることが証明されます。

親についても、いつでも優れた教育者で、子どもの精神的な失敗を小さいうちに見抜き、適切に対処して克服できるくらいするどい洞察力があるのなら、克服する力のある人間を育てるのに家庭ほど適したところはないと、わたしたちは喜んで認めるでしょう。

けれど残念ながら、親は優秀な心理学者でも教育者でもありません。

家庭の教育で現在、大きな役割を演じているのは、さまざまな程度で**自分の家族だけを**

優先するエゴイズムです。

これは正当を装って、たとえほかの子どもを犠牲にしてでも自分の子どもがとくに大事にされ、特別なものとして見られることを要求します。家庭の教育は、つねに人を上回り、人よりよく見られなければならないという考えを子どもに植えつけることで、きわめて深刻な誤りをおかしてしまうのです。ここには家庭の構造そのものも関係しています。

家庭は、父親の主導、**父親の権威**という考えを手放しません。そのせいで不幸は進んでいます。ごくわずかしかない共同体感覚の上に立つこの権威は、たちまち子どもを惑わし、明らかな抵抗、あるいはひそかな抵抗を起こさせます。

父親の権威が抵抗もなく認められることはまずないでしょう。もっとも大きな問題点は、子どもの力の追求にモデルを与えることです。力の所有に結びつく快感を示して、子どもが力をほしがり、野心と虚栄心をもつようにしむけるのです。現在では、だれもがこの方向に進んで名声をほしがり、周囲で一番強い人物が求めていたのと同じ従順と服従を他者に要求し、親などに対して敵対的な態度をとるようになっています。

このように、わたしたちの家庭の教育では、子どものなかに優越という目標が浮かんでしまうことは避けられません。

ごく小さな子どもでも、偉そうにふるまう様子は見られます。大人になってからも、思考や、意図しない家族の思い出のなかに、全人類をいまだに自分の家族のように扱う様子が見つかります。あるいは、その態度で失敗したときに、嫌気のさした世界から後ずさり、孤立した存在になる傾向が見られます。

家庭は共同体感覚を育てるのに適してもいますが、力の追求と権威のことを思い返せば、それはある程度まででしかありません。

最初のやさしい感情は、**母親との関係**のなかでやりとりされます。これは子どもにとってもっとも大切な共生の体験で、**信頼できる**仲間というものを学びます。つまり、「あなた」を知って感じていくのです。

ニーチェは、だれもが恋人の理想像を母親との関係から作りあげると語っています。教育家のペスタロッチも、母親がどれほど子どもと他者の関係に指針を与えるかをとりあげ、そもそも母親との関係が子どものあらゆる言動の枠を作ることを伝えています。

母親の機能には、子どものなかに共同体感覚を育てる可能性が与えられています。こうした母親との関係の結果、目を引く個性が子どもに生まれはじめ、その先にはある程度の社会的な欠陥が見つかります。とくによく見られるのが2つの誤りです。ひとつは、母親が自分の役目を果たさず、子どもの共同体感覚を育てないという誤りです。この問題はとても大きく、無数のトラブルをもたらします。子どもはまるで敵の国にいるかのように育ちます。こうした子どもをよくしようとするなら、果たされなかった役目を引き受けるしかありません。言ってみればこれは、子どもをともに生きる仲間にする方法です。

もうひとつのよくある誤りは、母親が役目を果たしているものの、それがあまりにも過剰なために子どもが共同体感覚を**周囲に向ける**ことができないというものです。子どものなかに育った共同体感覚を、母親が自分のところに向けさせているのです。つまり、子どもが母親にしか関心をもたず、それ以外の世界は切り捨てられます。そのため、こうした子どもにも社会でともに生きる仲間になる土台がありません。

母親との関係のほかにも、注目すべき教育の要素はたくさんあります。

なかでも**居心地のよい子ども部屋**があれば、子どもはのびやかに世界に適応していけます。子どもがどのような困難と闘わなければならないか、ごく幼いころに世界を快適な居場所と感じることがどれほど大変かを思えば、幼い**子どものころに受ける印象**がきわめて重要であることが理解できます。それによって探究し進んでいく方向が決まるからです。

また、生まれつき病気がちな子どもがたくさんいて、悲しみや苦しみばかりを経験していること、たいていの子どもには子ども部屋がないこと、または、生きる喜びを呼びさますような環境ではないことを考えれば、こうした子どもが人生や社会の友として育たず、正しい共生で発揮されるはずの共同体感覚を欠いていることがわかります。

さらに考慮しなければならないのは、誤った教育の重大さです。厳しい教育は子どもの生きる喜びと協力を妨げます。また、どんな小さな障害もとり除いてやたらと温かく囲い込み、家の外を支配する人生の過酷さに向きあえなくする教育も、子どもの妨げになります。

このように家庭の教育は、現在のわたしたちの社会では、共生の仲間としての協力者に求められることを学ばせるのに適していません。家庭の教育は虚栄心の追求ばかりを教えています。

それでは、ほかにどのような仕組みが考えられるのでしょうか。そして、子どもの成長の誤りをとり除いて状況を改善できるのでしょうか。

わたしたちの目が次に向くのは**学校**です。

けれど、よく調べると、この課題を解くには現在の学校も適していません。現在の学校の状況で、子どもの様子から誤りを見抜いて除ける教師はほとんどいないでしょう。そのための準備も、そうできる状況もないのです。教師は子どもたちに教えなければならないカリキュラムはもっていますが、人間についてはなにをもってとり組むべきかは考えていません。一クラスの生徒数が多すぎることも、この課題を解くことを不可能にしています。

ですからわたしたちは、人がつながりあってひとつの民族にまとまることを妨害する、そんな家庭教育の欠陥をとり除く仕組みや環境はないか、さらに探していかなければなりません。

その答えは**人生**だと考える人は多いかもしれません。けれど、人生にも特有の問題があります。ここまでに見てきたことだけを考えても、人生は人間を変えるのに（たとえときに適していそうに見えても）適していないことがわかります。人間の虚栄心や野心のせいで不可能なのです。

たとえ大きく道を間違えても、ほかの人がわるいとか、こうなるしかなかったという感覚をもってしまうものなのです。失敗してふらふらになった人が、自分の誤りについて深く思いをめぐらせることはめったにありません（人が体験を利用することについてのわたしたちの見解も思い返されます）。

したがって人生も本質的な変化をもたらすことがないのは、心理学的にも理解できることです。なぜなら人生が引き受けるのは、すでにできあがった人間だからです。要するに、目を向ける方向が決まっていて、優越という目標を目指している人間です。反対に、人生はわるい教師ですらあります。寛容でなく、警告を出すことも教えを授けることもなく、わたしたちを冷たくはねのけて失敗させるのです。

この問題を一通り見たかぎりで言えば、唯一、誤りをとり除けそうな仕組みは学校だと認めるほかありません。

悪用されつづけることがなければ可能でしょう。なぜならこれまでは、学校を意のままにする人が、自分の計画、たいていは虚栄心や野心による計画の道具として学校を使っていたからです。そんなやり方が続けば、有益な結果に向かうはずがありません。

また、学校のかつての権威を再興すべきだという近ごろの声を耳にすれば、その権威がかつてどれほどの善をなしたかと問わざるを得ません。わたしたちの知る権威がどれほどの役に立つでしょうか。わたしたちの見てきた権威がつねにどれほど有害だったでしょうか。いくらか有利な状況にある家庭でも、権威に対して反抗するくらいしかできないのです。しかも、権威というのはおのずと賞賛されるものではなく、必ず強制されます。学校でも、権威が（そもそも存在すればですが）そのまま認められることはまずありません。

ただでさえ子どもは、教師が公務員であることを明確に知った状態で学校に通います。子どもの精神の成長にマイナスの影響を与えずに権威を強いることは不可能です。権威に対する感覚は横暴な影響の上に築かれるものではなく、共同体感覚に基づかなければなりません。

学校は、精神の成長段階にあるすべての子どもが体験する場です。

ですから、精神が順調に育つ要件を満たさなければなりません。よい学校と言えるのは、精神器官が成長する条件と教育システムが合っているときだけです。そうした学校であれば、**社会に役立つ学校**と呼べます。

おわりに

性格は重要な目印になる

『人間の本性――人間とはいったい何か』と本書では、精神器官は精神にも身体にも作用する生まれつきの実体に由来すること、その成長は社会的な条件に完全に左右されること、つまり、一方で生体の要求、他方で人間社会の要求を満たさなければならないことを論じてきました。

この枠のなかで精神器官は育ち、進む道を決められていきます。

わたしたちはこの成長をさらに追い、知覚、想像、記憶、感覚、思考の能力を検討し、最後に性格や情動について考えました。

そうして確かめたのは、これらすべての現象は密接に関連していること、一方で共同体の決まりに従い、他方では個人が力と優越を追求することで、独自の特定の方向に進められて作りあげられるということです。

優越という目標は、共同体感覚と関係しながら、個々の成長に応じて特定の性格を作っていました。

　したがって性格というのも生まれつきではなく、精神の成長の大本から、だれのなかにも多少なりとも意識的に浮かぶ目標へ向かって、ひとつのラインにそったように育っていくのです。

　わたしたちが人間を理解する重要な目印である性格の特徴や情動について、いろいろとくわしく論じ、それ以外のことにも軽くふれてきました。

　最終的にわかったのは、力を追求するほど野心や虚栄心が増すこと、それがどのような形で現れるかを見れば、力の追求やその作用をはっきりと見抜けることです。

　野心や虚栄心が過剰に育つと、秩序のある前進は妨げられ、共同体感覚の成長は弱められ、不可能にもなります。

　そして決まって共同体を乱す形で干渉しながら、個人やその人の努力をつぶします。

　精神の成長のこうした法則は否定できないものでしょう。

　暗い動きにとらわれず、意識して自分の運命を築こうとするすべての人にとって、もっとも重要な目印になると思われます。

わたしたちはこうして探究することで人間を知っていくのです。

人間への理解は、ほかではほとんど気にかけられていませんが、わたしたちにとってもっとも重要な学問であり、社会のあらゆる層にとっても必要であると思われる学問です。

アルフレッド・アドラー（Alfred Adler 1870年-1937年）
オーストリア出身の精神科医、心理学者、社会理論家。
フロイトおよびユングとともに現代のパーソナリティ理論や心理療法を確立し、個人心理学を創始した。実践的な心理学は、多くの人々の共感を呼び、アドラーリバイバルともいうべき流行を生んでいる。

長谷川早苗（はせがわ さなえ）
独日翻訳者。訳書に、アドラー『［新書版］生きる意味』『なぜ心は病むのか』『人間の本性』（共に興陽館）、セドラチェク＆タンツァー『資本主義の精神分析』（共訳、東洋経済新報社）、ラルセン他『メディカルヨーガ』（ガイアブックス）、ピットリッヒ『HARIBO占い』（阪急コミュニケーション）他。

本書は『性格の法則』（小社刊）を新書版化したものです。

あのひとの心《こころ》に隠《かく》された

性格《せいかく》の秘密《ひみつ》

2025年1月15日　初版第1刷発行

著　者　アルフレッド・アドラー
訳　者　長谷川早苗
翻訳協力　株式会社トランネット
https://www.trannet.co.jp

発 行 者　笹田大治
発 行 所　株式会社興陽館
〒113-0024　東京都文京区西片1-17-8　KSビル
TEL 03-5840-7820　FAX 03-5840-7954
URL https://www.koyokan.co.jp

装　丁　長坂勇司(nagasaka design)
校　正　新名哲明
編集補助　飯島和歌子　木村英津子
企画・編集人　本田道生

印　刷　恵友印刷株式会社
D T P　有限会社天龍社
製　本　ナショナル製本協同組合

ISBN978-4-87723-335-8 C0011